Dorothee Bastian

Grüne Glücksorte in Köln

Geh raus und blüh auf

Droste Verlag

Dieses Buch gehört

....

....

....

Liebe Glücksuchende,

schon immer hat der Mensch in der Natur Entspannung, Ruhe und Schönheit für die Seele gefunden. Auch heute bietet die Natur in unserem oft stressigen Alltag den benötigten Ausgleich, um neue Kräfte zu tanken und uns wieder auf uns selbst und unsere Bedürfnisse zu besinnen. Auch wenn wir Köln im ersten Moment als quirlige Metropole wahrnehmen, finden sich im Stadtgebiet zahlreiche Glücksorte im Grünen. Neben Parks und öffentlichen Grünanlagen werden Altwälder, Wildwiesen, versteckte Oasen, Naturschutzgebiete und grüne Uferstreifen in ihrer Einzigartigkeit beschrieben.

Dank genialer Stadtplaner, Gartenbaudirektoren und eines visionären Oberbürgermeisters Konrad Adenauer, der den Menschen Zugang zur unberührten Natur schaffen wollte, entstanden in Köln an Stelle der ehemaligen Festungsringe die Grüngürtel und weitere Parks, mit denen so berühmte Namen wie Peter Josef Lenné, Alfred Kowallek oder Fritz Encke verbunden sind. Die Anlagen sind meist über grüne Wege miteinander verbunden und führen uns von Glücksort zu Glücksort. Jenseits der kunstvoll gestalteten Anlagen werden Orte in der freien Natur vorgestellt. Ob wir die Einsamkeit am Wasser suchen, die Stille von Altwäldern erleben oder die Weite in der Heide genießen wollen. Ob wir die Geselligkeit in „grünen Wohnzimmern" vorziehen oder uns körperlich im „grünen Sportstudio" betätigen wollen. Ob wir auf Vogelbeobachtung gehen oder den Kontakt zu Vierbeinern suchen. Jeder wird seinen Lieblingsort entdecken! Viele schöne Stunden an Kölns grünen Glücksorten wünscht Ihnen

Ihre Dorothee Bastian

Deine Glücksorte ...

... noch mehr Glück für dich

Sagenhafte Baumgestalten

Alleen rund um den Decksteiner Weiher

Der Decksteiner Weiher gehört zu den schönsten Ausflugszielen der Stadt. Das weiträumige Naherholungsgebiet im Äußeren Grüngürtel ist geprägt durch den 20 Hektar großen Weiher und die Kastanienalleen, die zu allen Jahreszeiten ein stimmungsvolles Bild abgeben.

Die Anlage wurde von Gartendirektor Fritz Encke geplant und in abgeänderter Form von Nachfolger Theodor Nußbaum Ende der 1920er-Jahre realisiert. Als Freund des Rudersports legte er zwei große Weiher mit einem verbindenden Kanal als Ruderstrecke an.

Von Süden kommend, verläuft der Weg durch ein Wäldchen und an einer Platanenallee vorbei zum größeren der beiden Wasserbecken. Uferwege führen über sonnige Wiesen und zwischen schattigen Baumgruppen hin zu den Kastanienalleen, die entlang des Kanals zum nördlichen, kleineren Weiher führen. Mächtig und fest verwurzelt stehen die alten Bäume und schaffen mit ihren starken, scheinbar nach dem Himmel greifenden Ästen und ihrem dichten Blätterdach eine besinnliche Atmosphäre.

An dem kleineren der beiden Wasserbecken lädt das Haus am See zum Entspannen ein. Auf der Terrasse kommt bei Kuchen und Kaffee an sonnigen Tagen Urlaubsstimmung auf. Tretboote ziehen über das Wasser und Wasservögel lassen sich beobachten. Eine Strandbar auf weißem Sand darf nicht fehlen und eine Minigolfanlage wartet mit 18 Bahnen auf Besucher.

TIPP *Auf der Bank am Ende des Felsengartens die Ruhe des Ortes genießen.*

Ein ganz bezaubernder und scheinbar naturbelassener Ort liegt etwas versteckt seitlich des Kanals zur Militärringstraße hin. Am Rand des Waldstreifens ist er an Betonblöcken und Eisenketten zu erkennen. Seitlich davon führt ein Weg hinunter in den Felsengarten. Der teilweise mit Trümmerbrocken gefüllte Graben wurde 1923 von Fritz Encke im ehemaligen rechten Flankengraben des anliegenden Fort VI angelegt. Es wurde Erde aufgefüllt und Gehölze und Stauden wurden gepflanzt. So entstand ein scheinbar natürliches Felsental. Ein stiller, märchenhafter Ort.

> Decksteiner Weiher, Gleueler Straße, 50935 Köln
> ÖPNV: Stadtbahn 13, Haltestelle Sülzgürtel; Stadtbahn 18, Haltestelle Klettenbergpark

Bilderbuchpanorama

2   *Am Rheinboulevard auf der Schäl Sick*

Grandiose Aussichten und dazu ein wenig Grün. Es wird noch etwas dauern, bis der Rheinboulevard auf der Schäl Sick ein richtiger grüner Glücksort sein wird. Die japanischen Schnurbäume, die entlang der neuen Promenade zwischen Hohenzollern- und Deutzer Brücke als Allee gepflanzt wurden, sind noch jung. Haben sich ihre Kronen aber erst einmal richtig entfaltet, werden sie zusammen mit den Robinien, den Kastanien und den Rasenflächen am rechten Rheinufer für Schatten und frische Luft sorgen.

Die neue Anlage mit der 500 Meter langen Freitreppe und der Promenade hat sich zur Attraktion in der Kölner City entwickelt und verbindet über die Hohenzollernbrücke die beiden Ufer der Stadt. Von hier kann man das Altstadtpanorama mit den Giebelhäusern, Groß St. Martin und dem Dom genießen. Ob auf den Stufen der Treppe, der Natursteinbank der Promenade oder in der Außengastronomie, ob am Morgen oder am Abend: Der Rheinboulevard ist zu jeder Tageszeit ein Ort zum Glücklichsein. Die Szene erscheint wie ein Gemälde, an dessen unterem Rand das Band des Rheins und dahinter der baumbestandene Rheingarten die Basis für das malerische Gebäudeensemble bilden. An beiden Ufern säumen Bäume den Fluss in der Stadtmitte. Sie tragen zu einer verbesserten Lebensqualität in der Metropole bei, indem sie Sauerstoff produzieren, Kohlenstoffdioxid speichern und Staub aus der Luft filtern. Sie erhöhen die Luftfeuchtigkeit und senken somit die Temperaturen, die in der Stadt um 5 Grad Celsius höher sind als im Umland. Bäume schaffen ein angenehmes Klima. Das im Wind raschelnde Blattwerk erzeugt ein angenehmes Geräusch, das zu unserer Entspannung und Erholung beiträgt.

Der Rheinboulevard ist auch ein geschichtsträchtiger Ort, denn er liegt teilweise auf dem Gebiet des römischen Kastells Divitia, das 310 unter Konstantin errichtet wurde. Von dem römischen Kastell, der Keimzelle des rechtsrheinischen Kölns, sind nur noch Reste sichtbar, die teilweise in die neue Treppenanlage integriert sind.

TIPP   Nach der Erkundung des Kastells Divitia die italienische Küche im Grissini und den Domblick genießen.

● Rheinboulevard, Kennedyufer, 50679 Köln
● ÖPNV: Stadtbahn 1, 7, 9, Haltestelle Deutzer Freiheit; Bus 150, 250, 260, Haltestelle Bahnhof Deutz, Messeplatz

Tierisch grün

3 *Bei den Bonobos im Kölner Zoo*

Eingebettet in viel Grün lassen sich im Kölner Zoo mehr als 10.000 Tiere aus mehr als 750 verschiedenen Arten in unterschiedlichen Lebenswelten beobachten und bewundern. Der Zoo wurde bereits 1860 gegründet und ist damit der drittälteste Tierpark Deutschlands. Seine lange Geschichte spiegeln die noch erhaltenen Tierhäuser und -anlagen aus verschiedenen Epochen wider. Im Laufe der Zeit kamen neue Gehege hinzu und mehrere Baustellen deuten darauf hin, dass weiter verbessert und ergänzt wird. Zukünftig wird das 20 Hektar große Gelände als Geozoo die Tierwelt nach Kontinenten geordnet präsentieren. Meist sind die Gehege von zahlreichen Besuchern belagert und Kinder lassen ihrer Begeisterung freien Lauf. Da muss man nach einem ruhigen Plätzchen suchen. Eines befindet sich zwischen dem Urwaldhaus und dem Außengelände der Menschenaffen. Ein dschungelartiger Pfad mit Sitzbänken lädt zum Besuch bei den Bonobos ein. Kurz nach Mittag kommen sie über die verglaste Brücke in das dicht mit Bäumen, Sträuchern und hohem Gras bepflanzte Gelände, das an ihr natürliches Habitat, die Regenwälder des Kongos, erinnern soll. Durch die großen Glasscheiben kann man dem Treiben der Männchen, Weibchen und Jungtiere zuschauen. Sie schwingen sich von Seil zu Seil, spielen, trinken am Teich oder pflegen sich den Pelz. Pressen die Besucher die Nase zu dicht an die Scheibe, werden die Affen auch mal ärgerlich und schlagen von der anderen Seite gegen das Glas. So bleibt man besser gemütlich auf der Bank zwischen Bäumen und Gebüsch sitzen und erfreut sich an den Interaktionen der Tiere. Die Bonobos aus der Familie der Schimpansen gehören zu den am meisten bedrohten Menschenaffen. Die Zerstörung ihres Lebensraumes und Bürgerkriege im Kongo haben dazu geführt, dass nur noch wenige Tausend von ihnen in freier Wildbahn leben. Im Zoo können sie sich in natürlichen Familienverbänden in den weitläufigen Gehegen bewegen. Vielleicht kommt der Tag, da die Menschen verstehen und die Natur mehr achten. Nur dann haben die Bonobos die Chance, wieder in ihrer Heimat zu leben.

● Kölner Zoo, Riehler Straße 173, 50735 Köln, Tel. (02 21)56 79 91 00
www.koelnerzoo.de
● ÖPNV: S-Bahn 18, Haltestelle Zoo/Flora; Bus 140, Haltestelle Zoo/Flora

Biologische Vielfalt

4   *Der Altwald im Nüssenberger Busch*

An seinem nördlichen Ende, bevor der Äußere Grüngürtel von den Industrieanlagen am Rhein beendet wird, finden wir im Nüssenberger Busch einen kleinen, aber feinen Glücksort, der so einmalig in Köln ist. Das Wäldchen, ein ehemaliger Wirtschaftswald nördlich von Bocklemünd, stellt den ältesten Laubmischwald im Linksrheinischen dar. Der 200-jährige Altwald mit seinen knorrigen Laubbäumen lädt zum Entdecken und Entspannen ein und lockt Spaziergänger wie Naturfreunde gleichermaßen an.

Bis zum Ersten Weltkrieg gehörte der Grünstreifen südlich der A1 zum preußischen Festungsgürtel. Abgesehen vom Zwischenwerk IIIb wurden die verschiedenen Festungswerke in diesem Bereich nach dem Krieg abgerissen und das Glacis (Schussfeld vor dem Graben) als Grünfläche zum Erholungsgebiet umgestaltet. An das Zwischenwerk schließt sich nördlich des Buschweges der zauberhafte Laubmischwald mit seiner reichen Flora und Fauna an. Zwischen mächtigen Buchen und Eichen entfalten sich viele Pflanzenarten, Baumpilze besiedeln das zahlreiche Totholz, das in dem naturnahen Wald Nahrung und Lebensraum für viele Tiere bietet. Auf kreuz und quer laufenden Pfaden lässt sich der Wald erkunden und nicht selten hört oder sieht man einen der Waldkäuze, Bussarde, Spechte oder Turmfalken, die im Nüssenberger Busch zu Hause sind. Es duftet nach Waldboden und die Bäume verströmen ihre ätherischen Öle. Für die Bäume bedeuten sie Schutz gegen Schädlinge, uns Menschen helfen sie, das Immunsystem zu stärken. Also tief einatmen! In mehreren Biotopen tummeln sich Amphibien und Insekten schwirren über dem Wasser. Westlich des Altwaldes zieht ein Park mit Spielplatz und Bänken die Erholungssuchenden an. Jenseits der Straße Am Hufenpfädchen, die auf ihrer gesamten Länge von Eichen begleitet wird, setzt sich das Landschaftsschutzgebiet mit offenem Grünland, Streuobstwiesen und einem Wäldchen fort. In dessen Mitte befindet sich eine Wiese an der Stelle des ehemaligen preußischen Forts III. Der Nüssenberger Busch ist vielfältig, doch nirgendwo ist die Natur so beeindruckend und nah wie im Altwald.

●●

Nüssenberger Busch, Buschweg, 50829 Köln
ÖPNV: Bus 103, 127, Haltestelle Bocklemünd Schumacherring

Traum vom irdischen Paradies

5 Der Biogarten im Thurner Hof

Am Anfang der Bibel steht die Geschichte vom Garten Eden, der das vollendete Glück symbolisiert. Irdische Gärten bringen den Wunsch nach diesem Paradies zum Ausdruck. Sie sind als umfriedetes Fleckchen Erde ein Ort der Zuflucht und Geborgenheit. Hier zu arbeiten, die Zeit zu vergessen und im Tun völlig aufzugehen, das macht glücklich.

Für den, der keinen eigenen Garten besitzt, ist der Biogarten am Thurner Hof ein Glücksfall. Der Mitmachgarten der Volkshochschule Köln wurde 1988 als ökologischer Lernort angelegt und ist nach mittelalterlichem Vorbild gestaltet. Leitbilder für solche Gartenanlagen sind alte Klostergärten, die in drei Gartenbereiche aufgeteilt waren: in einen Nutzgarten („hortus"), Kräutergarten („herbularius") und einen Obstbaumgarten. Diese Gärten halfen vornehmlich dem Körper, denn die Pflanzen hatten kulinarische und heilende Eigenschaften. Der Seele gefällig waren die Blumenbeete und die harmonische Anlage.

Diesen Ansprüchen wird auch der Biogarten am Thurner Hof gerecht. Vor dem Herrenhaus des ehemaligen Hofguts am Strunder Bach aus dem 12. Jahrhundert befindet sich ein symmetrisch angelegter Bauerngarten, dessen Beete mit Buchsbaum eingefasst sind. Hier wachsen duftende Heil- und Würzkräuter neben alten Gemüsesorten und farbenfroh leuchtenden Blumen. An den Bauerngarten schließt sich der Teich an, der als ehemaliger Wassergraben das Gelände durchzieht. Er ist das ökologische Herzstück des Gartens und Lebensraum für eine Vielzahl von Wasserpflanzen, Vögel, Insekten und Amphibien.

 TIPP Es gibt tolle Mitmachangebote und VHS-Kurse im Biogarten.

Den größten Teil der Anlage nimmt der Obstbaumgarten ein. Auf der Streuobstwiese gedeihen neben alten Apfelsorten auch Zwetschgen, Kirschen, Birnen und Walnüsse. Seltene Sorten wie Mispeln und Quitten unterstreichen das historische Ambiente des Gartens.

Der Thurner Hof ist eine Gelegenheit, in Gemeinschaft etwas zu schaffen und sich intensiv mit der Natur zu verbinden. Ein grünes Idyll zum Glücklichsein.

▶ **Biogarten Thurner Hof, Mielenforsterstraße 1, 51069 Köln**
www.biogarten-thurnerhof.de
▶ **ÖPNV: Straßenbahn 3, 18, Haltestelle Dellbrücker Hauptstraße;**
S-Bahn 11, Haltestelle Köln-Dellbrück, weiter mit Bus 154, Haltestelle Thurner Kamp

Karibikflair

6 *Am Blackfoot Beach des Fühlinger Sees*

In 30 Minuten mit der Bahn vom Zentrum in die Karibik. Es geht nicht in den Süden, sondern nach Norden an den Fühlinger See. Hier wartet ein weißer Sandstrand mit Palmen, Sonnenschirmen, Liegestühlen und gemütlichen Pavillons auf sonnenhungrige Badegäste. Wenn im Juli auf der gegenüberliegenden Ruderinsel das Summerjam Festival stattfindet und die Reggaeklänge über den See schallen, ist das Karibikflair perfekt und es kommt wahre Urlaubsstimmung auf. Wenn es zu heiß wird, sorgt ein erfrischendes Bad im See für Abkühlung. Der Blackfoot Beach ist der einzige offizielle Badestrand am Fühlinger See und punktet mit Gastronomie und Unterhaltung für Groß und Klein. Es werden unter anderem Kurse im Stand-up-Paddeln, Kanufahren, Bogenschießen und Tauchen angeboten. Im angeschlossenen Hochseilgarten können Erlebnishungrige auf verschiedenen Routen mit unterschiedlichen Schwierigkeitsgraden ihre Abenteuerlust stillen.

Obwohl an Sommertagen auch schon mal 80.000 Menschen an die Seen kommen, ist die Wasserqualität im Badesee ausgezeichnet. Seine intensive Nutzung stellt für die Stadt Köln eine große Herausforderung dar, da die Gewässer aus gesundheitlicher, aber auch aus ökologischer Sicht in gutem Zustand sein müssen. Bei künstlich angelegten Baggerseen besteht das Problem, dass sich an ihren steil abfallenden Ufern keine Röhrichtbestände ausbilden, in denen sich absterbende Algen sammeln könnten. So sinken sie auf den Grund, wo sie eine Faulschlammschicht bilden. Sie geben ständig Nährstoffe ab, die in den oberen Wasserschichten für Algenmatten sorgen, die für Menschen schädlich sind. Seit 1998 gibt es das Forschungsprojekt „Bio Park Fühlinger See", das die Verbesserung der Wasserqualität zum Auftrag hat. Auf einem Landstreifen zwischen Teilsee 1 und Teilsee 2 soll die Anlage das nährstoffreiche Wasser reinigen und so das Ökosystem sichern. Dazu werden Tiefenwasser abgesaugt und mithilfe einer Hydrokulturanlage und eines technischen Feuchtgebietes die mitgeführten Nährstoffe weitgehend entzogen. So bleiben die Seen ein naturnaher Ort für glückliche Stunden.

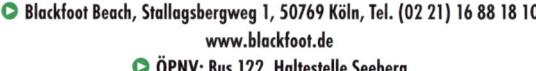

Blackfoot Beach, Stallagsbergweg 1, 50769 Köln, Tel. (02 21) 16 88 18 10
www.blackfoot.de
ÖPNV: Bus 122, Haltestelle Seeberg

18

Ausflug ins Mittelalter

7 *Im Kreuzgang von St. Maria am Kapitol*

Im Mittelalter war Köln eine blühende Handelsstadt und die größte Stadt des römisch-deutschen Reiches. Köln war Zentrum einer reichhaltigen Stifts- und Klosterlandschaft und wurde als „Heiliges Köln" bezeichnet. Man sagte, in Köln gebe es so viele Kirchen wie Tage im Jahr und tatsächlich waren es mehr als 70 Stifte und Klöster, über 150 Konvente und unzählige Kapellen. Mit der Säkularisation 1802/03 wurden fast alle Klöster und Stifte aufgehoben und ihr Besitz wurde verstaatlicht. Zahlreiche Gotteshäuser wurden abgerissen oder die Kirchengebäude blieben erhalten, aber die Klosteranlagen wurden abgetragen.

So gibt es heute nur noch wenige Kreuzgänge in Köln, die an die zahlreichen Klöster erinnern. Einer davon ist in St. Maria im Kapitol erhalten geblieben. Die Basilika gehört zu den zwölf großen romanischen Kirchen der Stadt und wurde über dem römischen Staatstempel für die kapitolinische Trias Jupiter, Juno und Minerva errichtet. Als Bauherrin der heutigen Basilika mit der Dreikonchenanlage, die im 11. Jahrhundert nach dem Vorbild der Geburtskirche in Bethlehem erbaut wurde, gilt die Äbtissin Ida. Das zu dieser Zeit angeschlossene Kloster war das erste Benediktinerinnenkloster Kölns.

TIPP Außergewöhnlich ist die Marienstatue mit stets frischen Äpfeln zu ihren Füßen.

Der Kreuzgang bildete im ehemaligen Kloster das Zentrum der Klausurbauten, die nur für die Klostergemeinschaft zugänglich waren. Als Wandelgang um einen viereckigen Hof hat ein Kreuzgang in erster Linie eine spirituelle Funktion. Er dient dem Gebet und dem Studium der Schriften. Heute steht der Bogengang allen Besuchern als ruhiger und besinnlicher Ort offen. Der Arkadenumgang umschließt einen Blumengarten, der mit seiner Bepflanzung an mittelalterliche Gärten erinnert. Im Frühjahr und Sommer erfreuen Flieder, Rosen, Lavendel, Minze, Hortensien, Ringelblumen und viele mehr mit ihren Farben und Düften. Die Mauern zwischen den gekuppelten Doppel- und Drillingsarkaden, die von Rundsäulen mit Bilderkapitellen getragen werden, bieten sich als Ruheplätze an. In der Stille des Hofes ist die Atmosphäre eines Klosters spürbar.

St. Maria im Kapitol, Kasinostraße 6, 50676 Köln
ÖPNV: Stadtbahn 1, 5, 7, 9, Haltestelle Heumarkt

Freier Lauf für die Natur

⑧ *Auf der Gleueler Wiese*

Auf der Gleueler Wiese wächst zwischen den Lindenthaler Schrebergärten und dem Decksteiner Weiher das Glück aus der Erde. Die 600 Meter lange und etwa 80 Meter breite Wiese zwischen dem Militärring und dem Decksteiner Weiher gehört den heimischen Pflanzen. Wiesenpfade führen entlang der Waldsäume und auf einem querenden Weg lädt eine Bank zum Ruhen und Beobachten ein.

Die Gleueler Wiese ist Teil des von Oberbürgermeister Konrad Adenauer und Stadtbaudirektor Fritz Schumacher geplanten Grünsystems, das für die Stadt Köln bis heute ein einmaliges „Belüftungssystem" für eine Metropole darstellt. Der Äußere und Innere Grüngürtel sind auf den Festungsringen angelegt und mit Radialen verbunden, sodass sich kleine Wäldchen und Wiesenflächen durch die ganze Stadt ziehen. Der lehmhaltige Boden der Gleueler Wiese ist nährstoffreich und kann das Regenwasser hervorragend speichern. Durch die Verdunstung kühlt die umgebende Luft ab und sorgt somit im Sommer für eine angenehme Frische. So leistet die Wiese einen wichtigen Beitrag zur Sicherung des Grundwasserhaushaltes und wirkt klimaausgleichend. Das ist heute umso wichtiger, weil wir immer häufiger Hitzerekorde und Extremwetter zu verzeichnen haben. Auf den nährstoffreichen Böden fühlen sich stark wachsende Pflanzen wie Brennnesseln, Disteln, Rot-Schwingel und Straußgras wohl. Mit Odermennig, Wiesen-Labkraut, Gundermann und vielen anderen bilden sie eine natürliche Pflanzengesellschaft, die Lebensraum für Insekten, kleine Säugetiere, Singvögel und Fledermäuse bietet. Millionen von Bodenorganismen beleben die Wiese unter Tage und sorgen für deren Belüftung. Um die Wiese herum sind Ahornbäume, Eschen, Linden, Eichen und Hainbuchen in kleinen Gruppen gepflanzt. Sie bilden einen artenreichen Laubmischwald, in dem sich z. B. Haselnuss und Weißdorn ausgebreitet haben.

Allein diese 4,83 Hektar große Wiesenfläche kann im Jahr etwa 42 Tonnen CO_2 speichern und leistet damit einen großen Beitrag zum Klimaschutz.

● Gleueler Wiese, Gleueler Straße/Militärringstraße, 50937 Köln
● ÖPNV: Stadtbahn 18, Haltestelle Klettenberg (20 Minuten Fußweg)

Pause am Torturm

9 *Die Hafenterrasse am Malakoffturm*

Malakoffturm hört sich irgendwie russisch an, klingt aber auch nach dem österreichischen Tortenklassiker, diesem Kuchen aus Löffelbiskuits und Sahnecreme. Auf eine Art hat der Malakoffturm mit beidem zu tun, verdanken Turm und Torte ihren Namen dem Fort Malakow in Sewastopol, das im Krimkrieg 1855 unter dem französischen General Plessier erobert wurde. Ihm zu Ehren wurde die Malakofftorte kreiert. Und weil Malakow für Stärke, Größe und Belastbarkeit steht, erhielt der 1855 errichtete preußische Torturm an der nördlichen Spitze des Sicherheitshafens den Namen des russischen Forts.

Torte und Turm geben sich hier die Hand, denn der Malakoffturm mit dem Biergarten am Rhein liegt gegenüber dem Café im Schokoladenmuseum. Der Biergarten Hafenterrasse am Malakoffturm ist ein herrlicher Ort zum Ausruhen, Genießen und Schauen. Die Terrasse liegt direkt an der Hafeneinfahrt, umgeben von Schokoladenmuseum, historischer Drehbrücke, dem Denkmal für den Tauzieher und der Kirche St. Maria in Lyskirchen, der kleinsten der zwölf großen romanischen Kirchen in Köln. Hier kann man den vorbeiziehenden Rheinschiffen wunderbar nachschauen.

TIPP Im Café des Schokoladenmuseums eine der vielen leckeren Tortenvariationen probieren.

Für Technikinteressierte ist die hydraulische Druckwasserpumpe im Malakoffturm zu erwähnen. Die Anlage aus Pumpe und Brücke wurde im Jahr 1888 hergestellt, um die benachbarte Drehbrücke zwischen Holzmarkt und Rheinauhafen zu betreiben. Um die Brückenmasse von 420 Tonnen zu bewegen, musste die Pumpstation im Turm einen Druck von 50 Bar erzeugen. Dazu wurde ursprünglich ein 8 PS Wechselstrommotor eingesetzt. Die Verbindung von der Pumpstation zur mechanischen Verbindung der Brücke wurde mittels unterirdischer Druckrohre hergestellt. So konnte die Stahlfachwerkbrücke um die notwendigen 11,2 Zentimeter angehoben und anschließend gedreht werden. Die älteste erhaltene Brücke Kölns über Rheinwasser ist heute Industriedenkmal und gehört wie der Malakoffturm der Stiftung des Kölner Imhoff-Schokoladenmuseums.

● Malakoffturm, Rheinauhafen 1, 50678 Köln
● ÖPNV: Bus 133, Haltestelle Schokoladenmuseum

Wohnzimmer Waldwiese

10 *Durch den Auwald im Weißer Bogen*

Ruhe genießen. Durchatmen. Die Zeit vergessen. Wenn wir unsere Sinne für die Natur schärfen und uns auf ihre Wunder einlassen, dann schüttet unser Körper Glückshormone aus. Eine Wiese inmitten des stillen und lichten Auwaldes im Rheinbogen zwischen Rodenkirchen und Weiß ist ein wunderbarer Ort, das Abenteuer Natur zu erleben und Ruhe und Entspannung zu finden. Vom Weißer Leinpfad, auf dem früher Pferde die Frachtschiffe rheinaufwärts zogen, führt ein Waldweg, die Ludwigstraße, nach Westen zum parallel verlaufenden Auenweg/Triftweg. An diesem Weg finden sich flussnahe Brunnen, die zur Wasserversorgung Kölns beitragen. Gegenüber der abgesperrten Anlage führt ein schmaler Pfad durchs Unterholz zu einem magischen Platz im Wald. Mitten im Naturschutzgebiet liegt die große Wiese, eingerahmt von den Laubbäumen, die als grüne Wände einen zauberhaften Naturraum schaffen. Es ist still hier, nur das Zwitschern der Vögel und das Brummen der Insekten sind zu hören. Die Wiese ist Lebensraum zahlreicher Blumen und Gräser, Insekten und Kleintiere. Beim stillen Betrachten verbinden wir uns mit der Natur und erweitern so unsere Wahrnehmung. Wir schöpfen Kraft und spüren die Verwandtschaft mit allen Lebewesen und der Erde. Einmal barfuß über die Wiese laufen und das Gras unter den nackten Füßen spüren. Am Waldrand unter einem Baum liegen, die Augen schließen und die Energie und Kraft der Erde spüren. In der Natur können wir loslassen. Wenn wir den Duft der Pflanzen einatmen, dem Wind in den Bäumen lauschen und das weiche Moos unter unseren Händen spüren, dann fallen die Sorgen des Alltags ganz von alleine ab. Versuchen wir in die Ruhe und Zeitlosigkeit der Natur einzutauchen.

TIPP Am südlichen Ende des Auwaldes, kurz vor Weiß, legt die Fähre nach Zündorf zur Freizeitinsel Groov ab.

Vielleicht hängt noch die Schaukel in dem Baum am Wiesenrand? Schaukeln hängen an den schönsten Orten der Welt und daher ist es nicht verwunderlich, dass auch hier eine aufgehängt wurde, um unseren Körper in Schwingung zu bringen, unser Herz zu bewegen und unsere Träume in den Himmel zu schicken.

Naturschutzgebiet Weißer Bogen, Weißer Leinpfad, 50999 Köln-Weiß
ÖPNV: Bus 135, Haltestelle Köln-Rodenkirchen, Uferstraße; Bus 131, 134, Haltestelle Köln-Weiß, Weißer Hauptstraße

Mitten im Leben

11 *Der Melatenfriedhof*

Der Friedhof ein Glücksort? Ein Ort zum Aufblühen? Das kann der große und parkähnlich angelegte Melatenfriedhof tatsächlich sein. Der Kölner Zentralfriedhof mit einer Fläche von 43,5 Hektar birgt viele stille Ecken und lädt zu besinnlichen Spaziergängen ein.

Wo vormals ein Siechenhaus für Malade (franz. krank) stand, wurde 1809 ein städtischer Friedhof außerhalb der Stadt angelegt. Von Anfang an wurde er als Grünanlage und Erholungsstätte konzipiert. Nach französischem Vorbild entstand eine Anlage mit einer rechteckigen Ursprungsform, Hochkreuzen, Gedenkmonumenten und Rasenflächen. Der Gartendirektor Maximilian Friedrich Weyhe entwickelte 1826 einen Bepflanzungsplan, zu dem auch die alten Platanen (antike Totenbäume) und Linden gehören, welche die Haupt- und Nebenachsen begleiten. Später kamen noch Trompetenbäume, Thujen und andere Pflanzen-, Hecken- und Baumarten hinzu. So entstand ein symmetrisch angelegter Totengarten, der den Hinterbliebenen Trost schenken sollte.

Ein Spaziergang über den Friedhof kann lange dauern, denn in dem weitläufigen Gelände gibt es viel zu entdecken und zu bestaunen. Die Grünanlage stellt zudem eine ökologische Nische für Tiere, wie Füchse, Eichhörnchen, Vögel u. v. m. dar. Der Friedhof ist auch in kultur- und kunstgeschichtlicher Hinsicht bedeutend und wurde 1980 unter Denkmalschutz gestellt. Sehenswert sind die Skulpturen, Kriegerdenkmäler, die alte Trauerhalle, die Umfassungsmauer und das ehemalige Hauptportal an der Aachener Straße. Die prächtigsten Grabdenkmäler sind an der Haupt- und Nebenallee zu finden. Sie erinnern an Persönlichkeiten und Dynastien aus der Kölner Politik, Wirtschaft und Kultur. Sie sind Symbole der Vergänglichkeit und der Ewigkeit. Tröstende Sprüche, Dankesworte und Lustiges sind auf den künstlerisch gestalteten Grabaufbauten zu lesen und regen zum Sinnieren und Schmunzeln an. Der rheinische Frohsinn, das zeigen viele Gräber, ist auch in den Totengarten eingezogen.

TIPP Mit einer Führung erfährt man mehr über die prominenten Begräbnisstätten.

● Melatenfriedhof, Aachener Straße 204, 50931 Köln
● ÖPNV: Bus 142, Haltestelle Geisselstraße; Straßenbahn 1, 7, Haltestelle Melaten

Ein Urlaubstag am Rhein

 An der Rodenkirchener Riviera

Mit dem Wort Riviera verbinden wir Urlaub, mildes Klima, Meer, Sandstrand und prächtige Gebäude, Restaurants und Hotels. Meist denken wir dabei an Italien. Dass sich das Rodenkirchener Rheinufer ebenfalls so nennt, hat gute Gründe. Wer sich hier im weißen Sand unter den alten Trauerweiden niederlässt, der spürt es sofort: Es fühlt sich an wie Urlaub. Mildes Klima, feine Sandbuchten, kleine Wellen plätschern an den Strand, Kinder buddeln im Sand, die Erwachsenen picknicken oder sonnen sich. Das Panorama hat ebenso Urlaubsqualitäten: Der dahinziehende Strom, in der Ferne die Silhouette der Stadt und die Rheinbrücke Köln-Rodenkirchen, die an die Golden Gate Bridge erinnert, am gegenüberliegenden Ufer der Auwald und die Wiesen. Hotels und Restaurants bieten ihre Dienste für einen perfekten Urlaubstag an.

Warum ist es am Rheinkilometer 682 so paradiesisch schön? Das hat Rodenkirchen einmal dem milden Klima zu verdanken, das durch die Nähe zur Nordsee und dem Golfstrom sowie die geschützte Lage zwischen den umliegenden Gebirgen bestimmt wird. Die Kölner Bucht gehört zu den wärmsten Regionen Deutschlands. Zudem liegt die Rodenkirchener Riviera an der Innenseite einer Rheinkurve; hier stranden ganz viele Sandkörner, die von Süden kommen und in großen Formationen Richtung Nordsee gleiten. Noch deutlicher zeigt sich dieses Phänomen im südlich gelegenen Weißer Bogen, wo der Sandstrand ausgedehnter ist.

TIPP *Am Rheinufer in Rodenkirchen laden Traditionsgaststätten und Bootshäuser zur Einkehr am Fluss.*

Eine weitere entscheidende Rolle spielt die Entwicklung des Stadtteils Rodenkirchen. Das ehemalige Dorf am Rhein wandelte sich durch seine Lage am Fluss im 20. Jahrhundert zu einer bevorzugten Wohngegend für wohlhabende Kölner Bürger und zu einem beliebten Ausflugsort. Es entstanden zahlreiche Villen im Jugend-, Landhaus- und Bauhausstil. Wer an sonnigen Tagen ein romantisches und schattiges Plätzchen am weißen Sandstrand ergattern möchte, sollte sich früh auf den Weg machen, um einen glücklichen Urlaubstag am Rhein zu verbringen.

▸ **Rodenkirchener Riviera, Uferstraße, 50996 Köln-Rodenkirchen**
▸ **ÖPNV: Stadtbahn 16, 17, Haltestelle Bahnhof Rodenkirchen (700 Meter Fußweg); Bus 131, Haltestelle Rodenkirchen Grimmelshausener Straße; Bus 130, 134, Haltestelle Rodenkirchen Frankstraße**

Am Puls der Stadt

13 *Der Rheingarten in der Altstadt*

Im Rheingarten, der sich zwischen Hohenzollern- und Deutzer Brücke erstreckt und die Altstadt mit dem großen Strom verbindet, geht es selten ruhig zu. Die Grünanlage am Rhein liegt im Herzen der Stadt. Hier pulsiert das Leben. Touristen und Einheimische zieht es wie magisch zum Fluss mit der baumbestandenen Promenade, der zauberhaften Kulisse der Altstadt, den Grünanlagen und den zahlreichen Lokalen. Die Mischung aus Natur, Kultur und Genuss versetzt die Besucher in eine Gute-Laune-Stimmung. Ohne vom Autoverkehr belästigt zu werden – er wurde in diesem Bereich unter die Erde verbannt –, flanieren die Menschen auf der Rheinpromenade, ruhen auf zahlreichen Bänken, sonnen sich auf den Liegewiesen, genießen ein Kölsch im Biergarten oder sitzen am beliebten Paolozzi Brunnen am nördlichen Ende des Parks. Eduardo Paolozzi schuf das Ensemble aus Bronze, Steinquadern, Pflastersteinen und Wasser, das an einen halbversunkenen Rheinkahn erinnert, in den 1980er-Jahren.

Das Kunstwerk wird vor allem im Sommer von Groß und Klein bevölkert. Von hier hat man eine wunderbare Aussicht auf die Domspitzen, die Sheddächer der Philharmonie und das Museum Ludwig, die Altstadthäuser, den Rhein und die Hohenzollernbrücke. Bei gutem Wetter kommt regelrecht Urlaubsstimmung auf: Die vielen Sprachen der Touristen lassen Bilder von fremden Ländern vor uns entstehen. Die Biergärten erinnern an den Süden und laden zum Genießen ein.

Geschichte ist hier allgegenwärtig. Wo heute der Rheingarten zum Spazieren einlädt, befand sich vor 2000 Jahren noch eine Halbinsel. Der zwischen Insel und römischer Stadt befindliche Nebenarm des Rheins verlandete im 2. Jahrhundert und wurde aufgeschüttet. Diese Bereiche bilden heute die Altstadt mit ihren verwinkelten Gassen, Plätzen und Gebäuden, Brunnen und Skulpturen, die von der Geschichte des ehemaligen Handwerker- und Handelsviertels erzählen. Eine Baumanlage verbindet das Viertel in Höhe des alten Fischmarktes mit dem Rheingarten und dem Flussufer.

○ Rheingarten, Frankenwerft, 50667 Köln
▷ ÖPNV: Stadtbahn 1, 7, 9, Haltestelle Heumarkt; Stadtbahn 5, Haltestelle Rathaus; Stadtbahn 5, 18, 16, Haltestelle Dom/Hauptbahnhof

Kölns „Hagia Sofia"

14 *Unter den Bäumen von St. Gereon*

St. Gereon lag bei seiner Errichtung im 4. Jahrhundert vor den Toren der römischen Stadt und noch im 17. Jahrhundert war die Märtyrerkirche, die über dem Grab des Heiligen Gereon errichtet wurde, von Feldern und Gärten umgeben. Obwohl das Gotteshaus heute inmitten der Großstadt liegt, hat sich in den Grünanlagen rund um die Kirche eine beschauliche, ruhige Atmosphäre erhalten und die baumbestandenen Plätze ziehen die Besucher in ihren Bann und laden zum Verweilen ein.

St. Gereon gehört zu den schönsten Kirchen Kölns und den imposantesten Sakralbauten des Abendlandes. Die Kirche hebt sich mit dem Dekagon, dem von zwei Türmen gerahmten Langchor, und der vierstöckigen Apsis von den übrigen romanischen Kirchen der Stadt deutlich ab. Der spätantike Ovalbau wurde ab dem 12. Jahrhundert um den Langchor, die Krypta sowie den Chor und die Türme erweitert. Im 13. Jahrhundert wurde der Ovalbau zu einem Dekagon mit einem zehnteiligen Gewölbe geschlossen. Diese Kuppelwölbung bietet ein großartiges Raum- und Lichterlebnis und erinnert an die Hagia Sophia in Istanbul und an die Domkuppel in Florenz.

Vor dem Westportal liegt ein Platz, auf dem Säulenreste den Kreuzgang des ehemaligen Kanonikerstifts markieren. Der geschlossene Platz mit seinen Bäumen und Bänken ist ein Ort zum Träumen und Innehalten. Ein schmaler Weg führt entlang eines kleinen Friedhofes zum Gereonsdriesch im Osten der Kirche. Der Name Driesch bedeutet so viel wie Brache, was auf die vormals ländliche Lage des Stiftbezirks hinweist. Der Driesch gehörte im Mittelalter zum Stift und wurde erst im 18. Jahrhundert zu einem offenen Platz und mit Linden bepflanzt. Den Granitkopf in der Mitte des Platzes schuf der Künstler Iskender Yediler. Er stellt den enthaupteten Märtyrer Gereon dar. Auf dem erhöhten und mit Büschen und Bänken umrahmten Teil der Parkanlage steht die 1858 gestaltete Mariensäule, die 1901 vom erzbischöflichen Palais hierher versetzt wurde. Eher unauffällig sind die Stelen, die von Joseph Beuys in Verbindung mit den Linden während einer Aktion 1985 auf dem Platz aufgestellt wurden.

⊙ St. Gereon, Gereonsdriesch 2–4, 50670 Köln
⊙ ÖPNV: Stadtbahn 15, 12, Haltestelle Christophstraße/Mediapark

Verwunschene Atmosphäre

15 Das Fort X im Ostheimer Wald

Es gibt Orte, an denen Geschichte lebendig wird und die gleichzeitig durch ihren morbiden Charme und die verwilderte Umgebung eine verwunschene Atmosphäre schaffen.

Das Fort X im rechtsrheinischen Grüngürtel, in einem Wäldchen zwischen Gremberger Wäldchen und Merheimer Heide versteckt, versprüht ebendiesen Charme. Das um 1878 erbaute Fort gehörte zu den vier rechtsrheinischen Forts des Kölner Festungsrings. Nach dem Ersten Weltkrieg wurden die Forts auf Verlangen der Siegermächte abgerissen. Oberbürgermeister Konrad Adenauer konnte damals die Alliierten davon überzeugen, die strategisch nicht wichtigen Bauteile zu erhalten und den Festungsgürtel in Parklandschaften zu verwandeln. So entstand der Kölner Grüngürtel, der auch das Fort X einschließt. 1927/28 wurde die militärische Anlage am südlichen Rand der Merheimer Heide dann nach Plänen von Fritz Encke in eine Erholungsanlage umgestaltet.

Betritt man das kleine Waldgebiet zwischen Nohlenweg und Frankfurter Straße, ist von dem Fort noch nichts zu erahnen. Es liegt verborgen im Kehlgraben, von Bäumen und Gebüsch umgeben. Zahlreiche kleine Wege und Trampelpfade führen durch das Wäldchen. Das bizarr aussehende Totholz der hier wachsenden Robinien liegt verstreut und gibt der Fantasie großen Spielraum. An der Rückfront der Kehlkaserne, die ein Teil des Forts ist und früher den Soldaten als Unterkunft diente, wurde der innere Fortbereich eingeebnet und zu einer Wiese umgestaltet. Eine Bank am Rande der Grünfläche, von den Zweigen der alten Bäume bedacht und im Rücken von einem Erdwall beschützt, ist ein wunderbarer Ort für eine Auszeit. Der wohl malerischste Blick auf die Anlage eröffnet sich dem Besucher vom Kehlgraben aus. Von hier ist die gesamte Länge der Kehlkaserne und der von Mauern eingefasste, vorgelagerte Kehlgraben zu sehen. Der Zugang bleibt dem Besucher versperrt, da die Anlage seit vielen Jahren von verschiedenen Vereinen genutzt wird. Der Förderverein Fort X pflegt in ehrenamtlicher Tätigkeit die Gebäude und sorgt für deren Erhaltung.

● Fort X, Nohlenweg/Ecke Frankfurter Straße, 51103 Köln
● ÖPNV: Stadtbahn 1, Haltestelle Höhenberg Frankfurter Straße; Bus 151, 152, Haltestelle Höhenberg Frankfurter Straße

Zeit der Besinnung

16 *Im Garten der Religionen*

Eine außergewöhnliche Oase, die zum Nachdenken, Meditieren und Ausruhen einlädt, liegt versteckt in einem Innehof. Der Garten der Religionen lädt seit 2011 die Besucher zum Innehalten ein.

Der ehemalige Klostergarten des Canisiushauses, dem 1910/11 erbauten Sitz des Jesuitenordens, diente den Patres als Kräuter- und Nutzgarten sowie als Ort der Erholung und Kontemplation. In den 1990er-Jahren fand „In VIA" – ein katholischer Verband für Mädchen- und Frauensozialarbeit – im ehemaligen Kloster eine neue Wirkungsstätte. 2009 beschloss der Verein, den Garten in Anlehnung an die geschichtlichen Strukturen neu zu gestalten und der Öffentlichkeit zugänglich zu machen. Zwei Jahre später betraten die ersten Besucher den zum Garten der Religionen umgestalteten Klostergarten.

Die Grünanlage will mit ihren verschiedenen Stationen meditative Impulse geben. Sie sollen zum Nachdenken anregen und wollen Toleranz und Verständnis für unterschiedliche Geisteshaltungen schaffen.

Der Garten ist ein stiller Ort der Erholung. Auf 1750 Quadratmetern, umgeben von Wohngebäuden und Höfen, sind zehn verschiedene Stationen angelegt, die sich mit den Themen Glauben, Kreislauf des Lebens, Verhältnis zur Zeit, Einsamkeit sowie Scheitern und Gelingen beschäftigen. Um eine zentrale Wiese führt ein geschwungener Weg zwischen Blumen, Sträuchern und Bäumen zu liebevoll gestalteten, kleinen Plätzen und Ruhebänken. Jeder Platz beschäftigt sich mit einer der fünf Weltreligionen und der Bedeutung von Garten und Natur im jeweiligen Glauben. Auf der Sonnenuhr inmitten des Rasens kann der Besucher als „Uhrzeiger" die Zeit selbst anzeigen. Eine Glocke erinnert an Dinge, die im Leben wirklich wichtig sind, und beim Spiel des Lebens versucht der Besucher mit einer Kugel den Weg zur Mitte zu finden.

Nach all den geistigen Erfahrungen lädt das Café zur körperlichen Stärkung ein.

Im ehemaligen Refektorium, dem Speisesaal der Mönche, werden heute kleine Gerichte sowie Kaffee und Kuchen angeboten.

○ **Garten der Religionen, Stolzestraße 1 a, 50674 Köln**
○ **ÖPNV: Stadtbahn 18, Haltestelle Eifelwall**

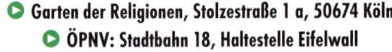

Szenetreff unter Platanen

 St. Michael am Brüsseler Platz

Er ist einer der beliebtesten Orte Kölns. Versteckt zwischen Wohnhäusern, kleinen Boutiquen, Cafés und Bars und umgeben von viel Grün, liegt der Brüsseler Platz idyllisch im Zentrum des Belgischen Viertels. In seiner Mitte erhebt sich mächtig St. Michael, der drittgrößte Kirchenbau der Stadt Köln. Er ist eingerahmt von Platanen, Eichen und Ahornbäumen, die zusammen mit den Rasenflächen, Sträuchern und Blumenbeeten eine kleine Oase inmitten der Großstadt bilden. Rund um den Platz laden Cafés und Restaurants zu einer entspannten Pause ein. In der warmen Jahreszeit kann man in den Lokalen draußen sitzen, wunderbar schattig unter Bäumen oder Sonnenschirmen, und Kölsch, regionale Küche, Kaffee, Eiscreme oder andere kalte Köstlichkeiten genießen. Das mediterrane Flair hat den Platz zu einem beliebten Szenetreffpunkt werden lassen. Wer es ruhiger mag, kommt am besten vor Feierabend hierher.

Das Belgische Viertel rund um den Platz ist eines der beliebtesten Wohnviertel der Stadt und gleichzeitig eines der teuersten. Der Name des Stadtteils leitet sich von den Straßennamen ab, die auf Städte und Provinzen im Nachbarland verweisen. Die Hauptachse bildet die Brüsseler Straße, die am gleichnamigen Platz vorbeiführt. Sie verläuft auf dem mittelalterlichen Bischofsweg, damals ein Grenzweg vor den Toren der Stadt. Im 19.

TIPP Ein Abstecher in die kreativen Modeboutiquen, Galerien und Szenetreffs rund um den Platz.

Jahrhundert wuchs Köln im Zuge der Industrialisierung und die Stadtväter suchten nach Raum für die wachsende Bevölkerung. Unter dem Stadtbaumeister Hermann Josef Stübben wurden die mittelalterlichen Stadtmauern niedergelegt und an ihrer Stelle die Ringstraßen angelegt. Feldseitig entstanden nun neue Wohngebiete in der Neustadt. Im Belgischen Viertel ließ das Erzbistum Köln für die wachsende Zahl der Bürger eine Kirche errichten, die schon 1906 durch einen größeren Bau im neoromanischen Stil ersetzt wurde. Durch eine Verlegung der Brüsseler Straße um ein paar Meter nach Osten entstand der grüne Platz vor dem Gotteshaus. Die Anlage wird ehrenamtlich von einer Initiative gepflegt.

St. Michael, Brüsseler Platz, 50674 Köln

ÖPNV: Stadtbahn 1, 7, 12, 15, Haltestelle Rudolfplatz; Stadtbahn 3, 4, 5, 12, 15, 16, Haltestelle Friesenplatz; Stadtbahn 1, 7, Haltestelle Moltkestraße

Heute essen wir im Grünen

18 *Am Aachener Weiher*

Die Grünflächen rund um den Aachener Weiher sind ein beliebtes Ausflugsziel und ein Platz für eine kurze Rast und Atempause zwischen Vorlesungen und Arbeitsstunden. Im Sommer kommen unzählige Menschen, breiten ihre Decken aus, bauen den Grill auf und genießen die freien Stunden in diesem grünen Paradies inmitten der Stadt. Als Teil des Inneren Grüngürtels bildet der Aachener Weiher den Mittelpunkt des halbkreisförmigen Bogens um die Innenstadt und das Herzstück des Grüngürtels. Er wurde Anfang der 1920er-Jahre nach Plänen des Stadtplaners Fritz Schumacher im Auftrag des damaligen Bürgermeisters Konrad Adenauer von Gartenbaudirektor Fritz Encke angelegt.

Einen wunderbaren Blick auf den Weiher bietet der Mont Klamott, einer von Kölns Trümmerbergen, die nach dem Zweiten Weltkrieg aus Bauschutt modelliert wurden. Der Hügel ist Teil des Hiroshima-Nagasaki-Parks. Von den Wiesen und Bänken am Hang des kleinen Berges bietet sich ein malerisches Bild mit Rasenflächen und Baumgruppen, zwischen denen das Wasser des Weihers glitzert. An den Weiher grenzen das Ostasiatische Museum und die idyllisch am Wasser gelegene Terrasse des Museumscafés. Im Zentrum des Atriumbaus, nach Plänen des japanischen Architekten Maekawa Kunio errichtet, befindet sich ein japanischer Garten.

TIPP *Im Museum für Ostasiatische Kunst die Schätze Koreas, Chinas und Japans entdecken.*

An der gegenüberliegenden Seite des Weihers gibt es einen Biergarten. Mit Musikveranstaltungen, Fußballübertragungen und anderem Spektakel lockt das Gartenlokal unter schattigen Bäumen und mit Blick aufs Wasser zahlreiche Besucher. Südlich des Mont Klamott wird die Skyline vom Unicenter, einem der größten Wohnhäuser Europas, dominiert. Davor liegt die Volkswiese, eingefasst von Reihen von alten Eiben, einer Platanenallee und dem Universitätsgebäude.

Der Aachener Weiher ist an sonnigen und warmen Tagen vielleicht kein Ort für Träumer und Ruhesuchende, aber ein Erholungsort in einer grünen Oase, in der fröhliche Menschen, Musik, Spaß und Spiel glückliche Stunden versprechen.

○ Aachener Weiher, Aachener Straße/Universitätsstraße, 50674 Köln
○ ÖPNV: Stadtbahn 1, 7, Haltestelle Universitätsstraße

Es muss nicht Ascot sein

 Im Biergarten an der Galopprennbahn

Ein Ausflug zur Galopprennbahn, dem grünen Herzen Weidenpeschs, lohnt nicht nur an Renntagen. Auch an rennfreien Tagen ist das 55 Hektar große Gelände eine grüne Oase zum Aufatmen. Gemütlichkeit und Genuss findet man im zentral gelegenen, idyllischen Biergarten, der nach einem Spaziergang über die Wiesen und an den Ställen und Trainingseinrichtungen vorbei zu einer gemütlichen Auszeit einlädt.

Ende des 19. Jahrhunderts wurde mit dem Bau der Rennbahn auch das Fachwerkgebäude errichtet, in dem sich heute ein Restaurant und der angeschlossene Biergarten befinden. Damals war im Restaurant die Jockey-Waage, da Jockeys ein Gewicht von 55 Kilogramm nicht überschreiten dürfen. Diese Waage wurde 1987 in einen Gastronomiebetrieb umgewandelt. Benannt wurde das Restaurant nach dem britischen Stallmeister Tattersall, der im 18. Jahrhundert Stallungen mit einer Reithalle, Reitbahnen und Gesellschaftsräumen in London errichtete.

Der davorliegende und teilweise überdachte Biergarten entstand auf dem Gelände des ehemaligen Führrings. Hier konnten die Sportwetter die Pferde vor der Platzierung ihrer Wette aus größtmöglicher Nähe begutachten. An dem idyllischen naturnahen Platz sitzen die Gäste unter mehr als 100 Jahre alten Linden und genießen das kulinarische Angebot und den Blick über die historische Anlage mit der großen Tribüne und der kleinen Rennlounge am Führring, die ebenfalls mit einem Biergarten lockt. Architekturfans kommen an der Rennbahn ebenfalls auf ihre Kosten. Die Anlage, die 1897 von Otto March, Architekt und Rennbahnexperte und zudem ein Freund Max Liebermanns, geplant und im Baustil der Gründerzeit errichtet wurde, versprüht mit den in die Jahre gekommenen Gebäuden noch immer den Charme dieser Epoche.

Trubel und Unterhaltung versprechen die Renntage, wenn z. B. der Preis von Europa verliehen wird. Doch nicht nur für Pferdefans ist die Rennbahn eine Attraktion, auch die Trödelmärkte und Festivals locken Tausende von Besuchern ins Grün an der Galopprennbahn.

TIPP Im Dezember findet hier das Weihnachtslieder-Mitsingkonzert mit bekannten Kölner Musikern statt.

▶ **Biergarten Rennbahn**, Scheibenstraße 40, 50737 Köln, Tel. (02 21) 7 40 83 00
www.biergarten-rennbahn.koeln
▶ **ÖPNV:** Stadtbahn 12, 15, Haltestelle Scheibenstraße

Der letzte Urwald Kölns

20 *Im Gremberger Wäldchen*

Von den riesigen Waldgebieten, die zu Zeiten der Römer die Kölner Bucht bedeckten, sind nur noch wenige erhalten. Eines davon ist das Gremberger Wäldchen. Dieser letzte natürlich gewachsene Wald im Stadtgebiet kann getrost als Urwald bezeichnet werden. Der 75 Hektar große Buchen-Eichen-Mischwald wird heute von der A4 und dem östlichen Zubringer zerschnitten. Im Mittelalter gehörte der Wald mit dem Gremberger Hof zum Besitz der Abtei Deutz. Abgelegen, blieb er über Jahrhunderte unberührt. Erst als die Stadt Köln Ende des 19. Jahrhunderts das Areal kaufte, wurde der Wald zu einem Erholungsgebiet ausgebaut. Man befreite das verwilderte Gelände vom Dickicht und legte Wege an. Das Wäldchen, als Teil des Äußeren Grüngürtels, ist für die Anwohner ein beliebter Ort für Spaziergänge und Naturbeobachtungen. Leider hört man den Lärm der umgebenden Straßen überall, doch findet sich das ein oder andere Plätzchen, das durch seine Abgeschiedenheit und seinen naturnahen Zustand zum Innehalten und Beobachten einlädt. Im nördlichen Bereich führt ein Pfad in eine lang gezogene Senke hinunter. Zwischen alten Buchen und ihren zahlreichen Nachkommen liegen umgestürzte Bäume, die mit Moos bewachsen sind. Es sind die alten Bäume und der hohe Anteil an Totholz, die dem Wald etwas Uriges geben. Die Baumriesen krallen ihre moosbewachsenen Wurzeln wie Zehen in die Erde. Im Totholz haben sich unzählige Insekten, Würmer und Pilze eingenistet. Besonders reizvoll sind die Buschwindröschen, die im Frühling ein weißes Blütenmeer bilden.

Einen abgeschiedenen Raum, der zum Frieden mahnt, finden die Besucher im südwestlichen Teil des Wäldchens. Mit einem Zaun eingefriedet, liegt eine Gedenkstätte an der Stelle eines Massengrabes. Ein gepflasterter Weg führt vorbei an immergrünen Bodendeckern und alten Eiben zu Gedenksteinen und einer Bronzeskulptur, die an die 74 sowjetischen Bürger erinnert, die zwischen 1941 und 1945 während ihrer Gefangenschaft ermordet wurden. Bänke laden zum Verweilen und zum Beobachten der Vögel ein, die von zahlreichen Futterstellen angelockt werden.

● Gremberger Wäldchen, Im Gremberg, 51107 Köln
● ÖPNV: Bus 153, Haltestelle Vingst Kürtenstraße

Badespaß am Baggerloch

21 *Im Naturfreibad in Vingst*

Von Ende Mai bis Anfang September wird dem Glück Tür und Tor geöffnet. Sofern das Wetter schön ist, kann man das Naturfreibad Vingst besuchen. Der naturbelassene Baggersee liegt zwischen dem Waldbadviertel und dem Vingster Ring und ist in den rechtsrheinischen Grüngürtel eingebettet. Zwischen den Bäumen des kleinen Wäldchens gleicht das Wasser eher einem natürlichen Waldsee. Dabei handelt es sich bei dem idyllisch gelegenen Badesee um ein ehemaliges Baggerloch. In der 9,3 Hektar großen Grube wurde noch bis 1959 Kies, Sand und Schotter abgebaut. Nachdem die Fläche einige Zeit brach lag und von den Kindern und Jugendlichen in der Nachbarschaft zum eigentlich unerlaubten Baden genutzt wurde, baute die Stadt Köln das Gelände zu einem öffentlichen Freibad um. An drei Seiten des Sees reicht die natürliche Bepflanzung bis ans Ufer, die vierte Seite wird von einem feinen weißen Sandstrand eingenommen. Hier können sich die Badegäste wie im Urlaub fühlen. Zu allen Seiten steigt das Gelände an und schafft somit eine heimelige und idyllische Atmosphäre. Das Naturfreibad ist ein Paradies für die ganze Familie.

Zum Vergnügen der Kinder befindet sich am Sandstrand ein liebevoll angelegter Spielplatz. Auf der ansteigenden Liegewiese, die mit Schatten spendenden Bäumen durchsetzt ist, lässt sich herrlich die Sonne genießen und dem Treiben am Strand zuschauen. Bäume und Sträucher trennen die Wiese in verschiedene Bereiche und schaffen somit geschützte Räume. Auf der Anhöhe bieten sich ein Beachvolleyballplatz und ein Bolzplatz zur sportlichen Betätigung an. Wer lieber ausspannen will, schaukelt in einer der Hängematten oder entspannt sich auf den Liegedecks und in den Liegestühlen, die man im Bad ausleihen kann. Zwei Grillplätze und ein Kiosk sind ebenfalls vorhanden.

Das Planschen im Naturbadesee ist ein besonderes Vergnügen. Hier stören weder Chlor noch Betonbecken. Es gibt reichlich Platz zum Schwimmen und Badeinseln laden zum Ausruhen ein. Im abgetrennten Nichtschwimmerbereich können sich die Kleinen gefahrlos abkühlen.

○ Vingster Naturfreibad, Vingster Ring, 51107 Köln, Tel. (02 21) 2 79 18 60
○ ÖPNV: Bus 191, Haltestelle Ostheim, Hans-Offermann-Straße

Über Kölns „Königsallee"

 22 *Entlang der Lindenthaler Kanäle*

Zu einem traumhaft schönen Spaziergang laden die Lindenthaler Kanäle ein. Beginnend am Aachener Weiher zieht sich die Grünanlage über 1,5 Kilometer als Verbindung zwischen dem Inneren und Äußeren Grüngürtel bis zum Stadtwald hin. Der Park ist eine Oase in der Stadt und erinnert mit dem Wasserlauf, der von Bäumen und eleganten Villen umgeben und von Brücken überspannt ist, an die Königsallee in Düsseldorf. Gartendirektor Fritz Encke schuf 1925 mit den Lindenthaler Kanälen einen weiteren Gartenraum von besonderer Schönheit. An den Inneren Grüngürtel schließt sich zunächst der etwa 500 Meter lange Clarenbachkanal an. Von einer Bogenbrücke überspannt und von Kastanien gesäumt, führt die Allee zu einem baumbestandenen Platz am Ende des Wassers. Auf dem Weg entlang des Kanals wird der Blick von der Kirche Christi Auferstehung angezogen. Das Bauwerk mit seinem verschachtelten Baukörper aus Backstein und Sichtbeton wurde 1971 eingeweiht und stammt von Architekt Gottfried Böhm.

Der baumbestandene Kirchplatz bildet mit dem sich nach Süden anschließenden Karl-Schwering-Platz eine grüne Achse zum Rautenstrauchkanal. Im Abschnitt der Kanalverschwenkung zeigt sich die Anlage, die sich bis zur Dürener Straße zieht, als Senkgarten mit Formhecken, Sitzgelegenheiten und einem erhöhten, von einer Hainbuchenhecke umgebenen Ruheplatz.

TIPP *Wenn man der sich anschließenden Allee folgt, kommt man in wenigen Minuten in den Stadtwald.*

Wenige Schritte entfernt bildet ein rundes und von schmiedeeisernen Gittern umgebenes Wasserbecken den Auftakt zu dem 550 Meter langen Rautenstrauchkanal. Das Becken wird von den Skulpturen „Kentaur und Najade" flankiert, die 1930 nach einem Entwurf von Georg Grasegger entstanden.

Die Wasserflächen, Statuen, Brücken, kunstvoll gestalteten Balustraden und Geländer, Blumenbeete sowie die Ahornallee entlang des Wassers zeichnen ein zauberhaftes Bild, das an die Parkanlagen des 17. und 18. Jahrhunderts erinnert.

○ Lindenthaler Kanäle, Brucknerstraße, 50931 Köln
○ ÖPNV: Stadtbahn 1, 7, Haltestelle Universitätsstraße

Die Bewegung Lebensreform

23 *Der Vorgebirgspark*

Auf den ersten Blick scheint der Vorgebirgspark mit seinen weiten Wiesenflächen, kleinen Hügeln und breiten Wegen nicht besonders reizvoll. Bei genauem Hinsehen und -hören werden die Besucher jedoch die Attraktivität dieser grünen Lunge im Stadtteil Zollstock erkennen. Der rund 13 Hektar große Park wurde ab 1910 nach den Plänen von Fritz Encke angelegt. Es war seine zweite Gartenanlage in Köln und sie sollte als neuzeitlicher Volkspark ganz den Bedürfnissen der Bevölkerung dienen. Schon seit den 1880er-Jahren strebte die Lebensreformbewegung eine neue Sicht auf Lebensweise, Ernährung und Körperertüchtigung an. Grund war die Unzufriedenheit mit den Wohnbedingungen in den Städten. Den Forderungen nach frischer Luft, Licht und Raum für Bewegung und Sport entsprachen die Stadtplaner mit Volksgärten, die der Gesundheit, dem gesellschaftlichen Vergnügen und der Erbauung dienten.

Platz für Freiluftaktivitäten gibt es reichlich im Vorgebirgspark. Und die produzieren Glückshormone. Schütten wir nicht bei jeder sportlichen Betätigung Endorphine aus? Und wem zum Glück Schönheit, Harmonie und Ruhe fehlen, der zieht sich in den Sondergarten zurück, der diesen Bedürfnissen gerecht wird. Dieser mit Liebe zum Detail gestaltete Teil des Parks wird durch eine Lindenallee von der Volkswiese getrennt und ist in drei Bereiche gegliedert. Den mittleren Bereich nimmt ein quadratischer Baumplatz ein. Nach Süden schließt sich ein zauberhafter Rosengarten mit einem lang gezogenen Wasserbecken an. Auf der erhöhten Terrasse laden Ruhebänke unter einer rosenberankten Pergola zur Entspannung ein und bieten reizende Aussichten über den Gartenteil, der im hinteren Bereich von einer halbrunden baumbestandenen Terrasse begrenzt wird. In diesem ästhetisch gestalteten Gartenwinkel lässt sich stundenlang die Ruhe des Vorgebirgsparks genießen. Nördlich des Baumplatzes betritt man durch eine Öffnung in einer Hainbuchenhecke den ehemaligen Familiengarten. Die hinter Eiben versteckte Terrasse mit einer Allee aus gestutzten Linden ist ein wunderbar geschütztes Refugium für eine stille Auszeit.

● **Vorgebirgspark, Kierbergerstraße 15, 50969 Köln-Zollstock**
● **ÖPNV: Stadtbahn 12, Haltestelle Gottesweg Köln Zollstock; Bus 131, Haltestelle Zollstocksweg**

Geliehenes Glück

24 *Im Garten des Kölner NeuLand Vereines*

Veränderungen brauchen oft radikale Ideen. Freiflächen und grüne Lungen neu denken, Brachflächen nutzen und in kleine Paradiese verwandeln. Das haben die Mitglieder des Vereins Kölner NeuLand in die Tat umgesetzt und auf dem ehemaligen Gelände der Dombrauerei einen Gemeinschaftsgarten angelegt. 2011 taten sich 170 Menschen aus den angrenzenden Vierteln zusammen, um das verwahrloste Areal in einer gemeinschaftlichen Aktion zu bepflanzen. Das Gelände soll bis zu seiner erneuten Bebauung als Gemeinschaftsgarten genutzt werden. Auf der Brache pflanzten die Hobbygärtner Blumen, Kräuter und Gemüse nach den Prinzipien des ökologischen Landbaus und des Re- und Upcyclings. Aufgrund der Schadstoffbelastung des Bodens wurden Hochbeete mit sauberem Mutterboden angelegt und das gesamte Gelände mit einer 10 Zentimeter dicken Schutzschicht aus Ziegelmehl von benachbarten Tennisplätzen abgedeckt.

Der größte Teil der Pflanzkisten wird gemeinschaftlich bepflanzt und gepflegt. Die Ernte wird gerecht verteilt. Neben den sogenannten Allmendebeeten können die Gärtner auch ein Individualbeet für sich selbst bepflanzen. Für die Kinder ist das Gelände ebenfalls ein Paradies, bietet es doch eine einzigartige Möglichkeit, mitten in der Stadt Natur zu erfahren. Ein Sandspielplatz, Hütten und versteckte Gartenräume lassen das Gelände zu einem Abenteuerspielplatz für die Kleinen werden. Von einem kleinen Hügel, auf dem sich zwischen Kräuterinseln in der Wildwiese herrlich entspannen lässt, kann man das gesamte Gelände mit Beeten, Gewächshäusern, Kompostecke, Lagerfeuerplatz, Biergarten u. v. m. überblicken. Aktionen wie Pflanzentauschbörse, Workshops, Aktionen am Pizzaofen u. a. locken die Menschen aus der Umgebung in diese kleine Wildnis, deren Zukunft ungewiss ist. Sie ist Teil der städtebaulichen Schneise, auf der in den kommenden Jahren ein neuer Stadtteil mit einem großen Park als Verlängerung des Inneren Grüngürtels entstehen soll. Der Garten wird dann hoffentlich einen Platz innerhalb der neuen Grünflächen finden.

TIPP Wer bei einer der Arbeitsgruppen mitmachen möchte, geht einfach mal vorbei.

▶ **Kölner NeuLand e. V., Koblenzer Straße 15, 50968 Köln**
www.neuland-koeln.de
▶ **ÖPNV: Stadtbahn 16, Haltestelle Schönhauser Straße; Bus 106, Haltestelle Koblenzer Straße**

Aussicht up de Dom

25 *Auf dem Herkulesberg*

Zwischen Bäumen und Sträuchern hindurch fällt der Blick auf das Wahrzeichen von Köln, die großartige Kathedrale am Rhein. Das Grün bildet einen natürlichen und zugleich würdigen Rahmen für den Hohen Dom zu Köln. Die Niederrheinische Bucht ist fast eben und sofern es nennenswerte Erhebungen in der Stadt gibt, sind sie nicht natürlichen Ursprungs, sondern wurden nach dem Zweiten Weltkrieg durch Trümmerschutt aufgehäuft. Mehr als 30 Millionen Kubikmeter Schutt waren nach der Zerstörung der Stadt angefallen, dessen Beseitigung bis in die 1960er-Jahre dauerte. Mit der Hand wurden die Trümmer aufgeladen und in Loren dorthin gezogen, wo gerade Platz war. Später wurde die Entsorgung der Trümmer geplant und sie wurden in Grünanlagen wie dem Beethovenpark oder am Aachener Weiher eingebaut. Die Hügel wurden terrassiert, eine dünne Bodenschicht aufgetragen und Gras eingesät. Als Pionierbepflanzung wählte man schnell wachsende Pappeln und Robinien. Der bekannteste dieser Trümmerberge, der Herkulesberg, wurde im Bereich des ehemaligen Güterbahnhofs Gereon aufgehäuft. Er wird im Volksmund auch Mont Klamott genannt, da unter seiner grünen Decke „alte Klamotten" verborgen sind. Über 130.000 Quadratmeter zieht sich der lang gestreckte und überwiegend bewaldete Hügel zwischen Innerer Kanalstraße und den Grünanlagen um den Media Park. Mit einer Höhe von 72,2 Meter ü. N.N. ragt er 25 Meter über seine direkte Umgebung und bietet somit herrliche Aussichten. Nicht nur zum Dom und der Innenstadt, sondern auch Richtung Ehrenfeld, zum Herkules-Hochhaus und zum Fernsehturm. Eine Waldschneise am Nordhang des Herkulesbergs ist durch große Natursteinblöcke terrassiert, die zum Picknick mit Aussicht einladen. Von der Fußgängerbrücke, die über die Eisenbahngleise zum Mediapark führt, genießt man aus einer außergewöhnlichen Perspektive einen einmaligen Blick auf den Dom und den Mediapark. Der Herkulesberg ist Teil des Inneren Grüngürtels. Grüne Wege verbinden ihn mit dem Mediapark, dem Stadtgarten und dem Aachener Weiher und lassen dem grünen Glück freien Lauf.

● Herkulesberg, Innere Kanalstraße, 50823 Köln
▶ ÖPNV: Stadtbahn 3, 5, 15, Haltestelle Ehrenfeld Gutenbergstraße; Stadtbahn 3, 4, 5, 16, Haltestelle Köln West

Heimat bedrohter Arten

26 *Im Naturschutzgebiet Dellbrücker Heide*

Der Stadt entrückt, verwildert und etwas geheimnisvoll erwartet den Besucher im Naturschutzgebiet Dellbrücker Heide eine besondere Atmosphäre. Hinter den ehemaligen Kasernengebäuden an der Bergisch Gladbacher Straße existiert ein versteckter Freiraum, in dem sich die Schönheit der Natur auf stille Art und Weise erleben lässt. Im Schutzgebiet spielen Flora und Fauna die Hauptrolle, der Mensch ist geduldet, solange er die Natur nicht stört. Für Freizeitaktivitäten steht der nahe gelegene Höhenfelder See zur Verfügung, im Naturschutzgebiet sind es die Stille und die Wildnis, die uns Glücksmomente verschaffen. Zwischen Heiden, Magerrasen, Wiesen und Wäldchen lebt eine Vielzahl von Pflanzen- und Tierarten, die an offene, unbewaldete Lebensräume gebunden sind. Die Dellbrücker Heide ist eines der kleinsten und gleichzeitig eines der wertvollsten Teilgebiete der Bergischen Heideterrasse. 400 Pflanzen- und fast 80 Wildbienenarten kommen hier vor und viele Arten der Roten Liste Nordrhein-Westfalens sind nachgewiesen.

Die artenreiche Flora und Fauna konnte hier so gut überdauern, weil das Gebiet von 1938 bis 1992 militärisch genutzt wurde. Die im Laufe dieser Zeit entstandenen Gebäude wurden 2009 abgerissen. Teilweise betoniert, führen offizielle Spazierwege durch das Gelände, die man zum Schutz von Pflanzen und Tieren nicht verlassen darf. Damit Rehe, Wildschweine und brütende Vögel nicht gefährdet werden, müssen Hunde an der Leine bleiben. Auch der smaragdgrüne Heideteich darf offiziell nicht aufgesucht werden. Seine Steilhänge sind aus Naturschutzgründen unbefestigt und bergen Gefahren für Besucher. Auf diese Gebote Rücksicht zu nehmen, fällt nicht schwer, denn wer will dieses Idyll schon zerstören? Und wer ein wenig verweilen möchte, der findet am nördlichen Ende des durchlaufenden Weges ein wunderbares Plätzchen unter drei Eichen, wo ein alter Baumstamm zum Innehalten einlädt. Wer mehr über die wertvollen Lebensräume und die Geschichte des Ortes erfahren möchte, schließt sich den Führungen des BUND an, die jeden dritten Donnerstag im Monat stattfinden.

TIPP *Zeit nehmen, die Ruhe genießen und viele seltene Arten entdecken.*

○ **Naturschutzgebiet Dellbrücker Heide, Höhenfelder Mauspfad, 51069 Köln**
○ **ÖPNV: S-Bahn 11, Haltestelle Köln Dellbrück; Bus 154, Haltestelle Dellbrück Diepeschrather Straße**

Kunst zum Anfassen

27 *Der Skulpturenpark Köln*

„You must have one grand passion" – So lautet eine der Inschriften der Sandsteinbänke, in deren Sitzfläche die Künstlerin Jenny Holzer Botschaften und Lebensweisheiten einmeißelte. Und eine große Leidenschaft für Skulpturen müssen all die Künstler haben, deren Werke im 3,5 Hektar großen Skulpturenpark am Rheinufer aufgestellt sind. Der Park kann als eine Oase der Ruhe zwischen den viel befahrenen Straßen rundherum empfunden werden, wenn auch die Geräusche der vorbeifahrenden Autos und Schiffe gedämpft zu hören sind. Einerseits zwischen Asphalt und Beton gelegen, andererseits ein Stück Natur, entsteht im Skulpturenpark eine Spannung zwischen innen und außen, zwischen Urbanität und Idyll. In polierten Oberflächen spiegeln sich Bäume, Wiesen und Menschen wider. In der Garden Gallery erscheinen die Bäume und die Parklandschaft wie gerahmte Bilder, eine Rasennarbe mit Erdhügel am Ende steht für verletzliche Kerben und die Invasionsstraße für einwandernde Pflanzen, die sich gerne in Brachen oder in Asphaltritzen ansiedeln. Sinnbilder für Migranten, die mit schlechteren Lebensbedingungen auskommen müssen.

TIPP *Im angrenzenden Restaurant und Biergarten sitzt man unter alten Bäumen mit Blick auf den Rhein.*

Seit 1997 wird dem Besucher im Skulpturenpark die Möglichkeit gegeben, Kunst unmittelbar zu erleben. In dem von dem Sammlerehepaar Stoffel ins Leben gerufenen Museum für zeitgenössische Skulptur unter freiem Himmel werden in einer einmaligen Symbiose von Natur und Kunst Werke junger wie auch renommierter Künstler ausgestellt, die den Besuchern frei zugänglich sind. In den letzten 20 Jahren sind zeitgenössische Außenskulpturen von mehr als 150 international anerkannten Künstlerinnen und Künstlern aufgestellt worden. Die alle zwei Jahre wechselnden Ausstellungsreihen ergänzen die Dauerausstellung durch neue zeitgenössische Skulpturen und lassen den Besuch im Park immer wieder zu einem lohnenden Erlebnis werden. Etwas Zeit sollte man mitbringen, um sich ganz auf die Werke einzulassen und den Ort in seiner ganzen Dimension zu erfassen.

⊙ Skulpturenpark Köln, Riehler Straße, 50668 Köln
⊙ ÖPNV: Stadtbahn 16, 18, Haltestelle Zoo/Flora (5 Minuten Fußweg); Bus 140, Haltestelle Worringer Straße

Die älteste Grünanlage Kölns

28 *Der Stadtgarten*

Exotische Bäume, alt und mächtig, ein Biergarten unter Linden, Spazierwege, Wiesen und eine ganz besondere Kirche sind Anziehungspunkte für eine der beliebtesten Grünanlagen Kölns. Der ursprünglich 11 Hektar große Stadtgarten wurde vor fast 200 Jahren angelegt und ist die älteste öffentliche Grünanlage der Stadt. Der Park hat sein Gesicht immer wieder verändert, vor allem Ende des 19. Jahrhunderts, als rund 5 Hektar dem Bau der Bahnanlagen weichen mussten. Damals gestaltete Gartendirektor Adolf Kowallek die Anlage völlig neu. Es wurden ein Musikpavillon und ein Restaurant gebaut, die Bäume wurden mit Sträuchern unterpflanzt und es entstand ein grüner Raum, der den Bürgern Ruhe, Erholung und Unterhaltung schenken sollte.

Bis heute erfüllt der nach dem Zweiten Weltkrieg wieder instand gesetzte Park den Wunsch nach Erholung. An der Stelle des Parkrestaurants steht heute das Konzerthaus Stadtgarten, das mit seinen rund 400 Veranstaltungen ein überregionales Publikum anlockt. Dem Gebäude schließt sich ein herrlicher Biergarten an. Von der Straße durch Sträucher abgeschirmt, sitzen die Besucher hier unter alten Linden. Wer sein Glück in der Botanik sucht, flaniert über die Spazierwege der Grünanlage und bewundert die alten und teils exotischen Bäume. Über 50 verschiedene Baumarten, dazu Sträucher und eine Krautschicht, die normalerweise in Laubwäldern zu Hause ist, haben den Stadtgarten zu einem schützenswerten Ort werden lassen. Wir finden hier neben heimischen Buchen, Kastanien etc. auch Exoten wie Gingkobäume, Amber- und Lederhülsenbäume, Atlaszedern oder Japanische Zelkoven. Von der Mitte des Parks bietet sich eine malerische Aussicht auf das um 1890 errichtete Gärtnerhaus und den dahinter aufragenden Turm der Christuskirche. Am Nordende der Grünanlage versteckt sich hinter den Bäumen die zu ihrer Bauzeit Aufsehen erregende Kirche Neu St. Alban. Sie wurde in den Jahren 1958/59 als Ersatz für die im Krieg zerstörte Kirche am Quartermarkt geplant und aus Trümmerziegel errichtet.

TIPP Ausgezeichnete experimentelle Musik und Jazz wird im Stadtgarten-Konzertsaal am Biergarten geboten.

Stadtgarten, Venloer Straße, 50672 Köln

ÖPNV: Stadtbahn 3, 4, 5, 12, 15, 16, Haltestelle Friesenplatz; Stadtbahn 12, 15, Haltestelle Christophstraße/Mediapark

Sportliches Vergnügen

29 *Im Rheinbogen bei Rodenkirchen*

Man könnte denken, es sei aus der Mode gekommen, aber Minigolf spielen ist auch im 21. Jahrhundert noch sehr beliebt. Immerhin spielen 20 Millionen Deutsche hin und wieder Minigolf. Und wenn die Anlage so schön gelegen ist wie die in Rodenkirchen, dann ist sie mehr als einen Besuch wert. Nur 500 Meter Fußweg vom Leinpfad und dem Rhein entfernt, grenzt der Platz an den Wald des Naturschutzgebietes Weißer Bogen, den Campingplatz am Rheinufer und die Felder- und Wiesenlandschaft im Stadtteil Weiß. Spazier- und Radwege verbinden den Platz mit den Sandstränden der Rodenkirchener Riviera und der Anlegestelle der Fähre Krokodil, die die Ausflügler auf die rechtsrheinische Freizeitinsel Groov bringt. Die 18-Loch-Anlage liegt inmitten herrlicher Natur und ist ganzjährig geöffnet. Und da man keine besondere Ausrüstung für diesen Sport braucht und die Schläger an der Kasse für ein paar Euro auszuleihen sind, bietet sich auch ein spontaner Besuch als Zwischenstopp einer Rad- oder Wandertour an. Die Pisten aus Beton mit unterschiedlichen Schwierigkeitsgraden stellen manche Herausforderung dar. Wer bringt mit möglichst wenigen Schlägen den Ball in das Loch? Wer schlägt vielleicht ein Ass und schafft es mit nur einem Schlag? Und wer hat es mit den maximal sechs Schlägen pro Bahn nicht geschafft und kassiert Strafpunkte? Spaß und Unterhaltung im Grünen sind garantiert. Und wer sich von der Anstrengung erholen oder seine Taktik nochmals überdenken muss, der zieht sich an die Sitzgruppen unter dem alten Kirschbaum zurück. Er ist ein Prachtexemplar und seine mächtige Krone bietet erholsame Schattenplätze, von denen aus die Geschicklichkeit der Mitspieler beobachtet und die Tücken der Bahnen diskutiert werden können. Vor allem im Frühling zur Blütezeit zeigt der Baum sein schönstes Gesicht. Der kleine Kiosk mit den Sitzgruppen unter Sonnenschirmen bietet verschiedene Erfrischungen und kleine Snacks. Für die Kinder gibt es einen Spielplatz mit Rutschen, Spielhaus und Sandkasten. Minigolf ist ein erschwingliches Vergnügen und macht Großen wie auch Kleinen richtig Spaß.

Minigolfplatz Rodenkirchen, Uferstraße 70, 50996 Köln, Tel. (01 73) 2 17 06 03
www.minigolf-rodenkirchen.de
ÖPNV: Bus 135, Haltestelle Uferstraße

Weite Wälder

30 *Streifzüge durch den Königsforst*

Die Stadt Köln hat wahrlich keine Waldtradition, denn das Gebiet rechts und links des Rheins war schon sehr früh besiedelt und die Wälder wurden zugunsten von Ackerbauflächen gerodet. Der Königsforst auf der Heideterrasse am Übergang zum Bergischen Land wurde verschont. Seit der Eisenzeit bis ins 20. Jahrhundert wurde hier Eisenerz gefördert. Der Wald lieferte das Grubenholz für den Bergbau. Zudem wurde der Königsforst von den Frankenkönigen wie auch den Herzögen von Berg als Jagdgebiet genutzt. Es gab große Bestände an Rotwild, die Ende des 18. Jahrhunderts reduziert wurden, sodass der Wald sich erholen konnte. Nur eine kurze Verschnaufpause, dann wurde unter napoleonischer Besatzung der Wald für den Holzbedarf in der Heimat gerodet. Die nachfolgenden Preußen forsteten zwar wieder auf, doch nicht naturnah, sondern mit schnellwachsenden Nadelhölzern. Heute ist der Königsforst ein Naturschutzgebiet und eine nachhaltige Forstwirtschaft fördert den ursprünglich vorkommenden Laubwald. Bemerkenswert sind die Wildnisgebiete mit alten Buchen und Eichen und einem hohen Totholzanteil. So viel Grün macht uns glücklich und gesund. Und wer tiefer in das Wunder Natur eintauchen will, setzt sich abseits der Wege ganz still auf einen Baumstumpf, lauscht den Stimmen des Waldes und lässt sich von Tierbegegnungen überraschen. Abseits der breiten und glatten Hauptwege verlieren sich die zahlreichen Wanderer, die auf ausgewiesenen Rund- und Streckenwegen den Wald durchziehen. Aber aufgepasst: Wer die markierten Wege verlässt, kann sich schnell verirren. Eine Karte ist hilfreich!

Lebhaft geht es an der Wassertretstelle am Griesbach zu. Aus allen Richtungen kommen Besucher zum Kneippen, Picknicken und Rasten. Für Kinder ist der Bach mit dem umgebenden Wald ein einziger Abenteuerspielplatz. Für Gipfelglück sorgt der höchste Berg Kölns, der 118,04 Meter hohe Monte Troodelöh. Der Name erinnert an Jodelgesang, leitet sich aber von seinen Entdeckern Troost, Dedden und Löhmer ab. Radfahrer, Läufer, Wanderer – das größte Waldgebiet Kölns macht alle glücklich!

● Königsforst, Rösrather Straße, 51107 Köln
● ÖPNV: Stadtbahn 9, Haltestelle Königsforst; Bus 154, Haltestelle Königsforst

Kunst trifft Natur

31 *Spaziergang durch den Schlosspark Stammheim*

Der idyllische Park im Rheinbogen lädt zum Spazieren, Verweilen und Staunen ein. Durch das Tor hindurch werden die Schritte wie magisch durch die Parkallee und hinunter zum Fluss geleitet. Zu beiden Seiten des Weges fällt der Blick auf Plastiken, Skulpturen und Installationen, denn seit 2002 ist der Park Ausstellungsort für moderne Kunst. Doch wo ist das Schloss? Das im Jahr 1780 errichtete Gebäude brannte nach einem Fliegerangriff im Jahr 1944 bis auf die Außenmauern ab. Bodenmarkierungen und Hecken lassen erkennen, wo der herrschaftliche Sitz stand. Bis 1928 gehörte das Anwesen der Familie Fürstenberg-Stammheim. Franz Egon Graf von Fürstenberg-Stammheim ließ den Park in den Jahren 1829 bis 1832 von Gartendirektor Maximilian Friedrich Weyhe im Stil eines englischen Gartens neu gestalten. Direkt am Rheinufer wurde ein Hügel modelliert, von dem man damals noch den etwa 5 Kilometer entfernten Kölner Dom sehen konnte. Zu den vielen heimischen Baumarten gesellen sich zahlreiche seltene Arten aus aller Welt, die Weyhe aus den Botanischen Gärten am Rhein herbeischaffen ließ.

TIPP *Auf der Terrasse des Bootshauses, weit weg vom Großstadtlärm, kann man sich eine Erfrischung gönnen.*

Die alten, mächtigen Bäume mit teilweise enormem Umfang bilden mit Sträuchern und Blumenbeeten einen Naturraum, in dem ein verzweigtes Wegenetz zu Kunstwerken führt, die alle in Beziehung zum Ort stehen.

Wer des Sehens müde ist, genießt auf einer der vielen Bänke die Aussicht auf den Rhein. Ein ganz besonders liebenswertes Kunstwerk steht am Flussufer. Es ist der goldene Lilienthal Mops, der auf einem Pfahl sitzt und auf den Fluss schaut. Es scheint, als wolle er sich, einem Bussard gleich, auf sein Opfer stürzen. Was er tatsächlich vorhat, weiß sicherlich sein Erschaffer, der Künstler Michail Stamm.

Es gibt viele Plätze in dem ruhigen Park, an denen es sich unter schützenden Bäumen träumen und nachdenken lässt. Nördlich des ehemaligen Schlosses befindet sich das denkmalgeschützte Ulrich-Haberland-Haus. Läuft man an diesem vorbei, lassen sich Spaziergänge in die angrenzende Flittarder Aue unternehmen.

○ Schlosspark Stammheim, Schlossstraße, 51061 Köln
www.schlosspark-stammheim.koeln
○ ÖPNV: Bus 151, 152, 156, Haltestelle Friedhof Stammheim

Ein einsamer Panther

32 *Entdeckungen im Südpark*

In den kaum 5 Hektar großen und unter Denkmalschutz stehenden Südpark, der sich wie ein Halbmond in die Straße Am Südpark schmiegt, verirren sich wenig Fremde. Auf den geschwungenen Wegen der Grünanlage flanieren überwiegend Anwohner des Villenviertels. Die fast südländische Stimmung im Park entsteht durch die knorrigen Kiefern, die sich im östlichen Teil des Geländes malerisch gen Himmel winden und an warmen Tagen ihren harzigen Duft verströmen. Als Ende des 19. Jahrhunderts der Villenvorort entstand, waren die Kiefern noch von Ackerland umgeben. Die Gestalt des neuen, noblen Stadtteils sollte durch die Anlage eines Parks verstärkt werden und so entstand zwischen 1898 und 1901 nach Plänen des Gartenarchitekten Adolf Kowallek der Südpark. Die alten Kiefern wurden in die Gestaltung einbezogen und mit zahlreichen Rhododendren unterpflanzt, deren Blüten im Frühjahr um die Wette strahlen. Neben den Kiefern unterstreichen Gehölz- und Baumgruppen sowie große Wiesenflächen den Charakter des im Stil eines Landschaftsparks angelegten Südparks.

Nähert sich der Besucher dem Parkeingang an der Goethestraße, fallen ihm zunächst die prächtigen Villen und die Kirche St. Maria Königin, die in den 1950er-Jahren nach einem Entwurf des renommierten Architekten Dominikus Böhm errichtet wurde, auf. Wer sich nun nach Westen wendet, spaziert entlang alter Eiben und vorbei an großen Rasenflächen, die gerne als Liege- und Spielwiese angenommen werden. Schneckenförmige Steine begrenzen eine Rasenfläche, die Kindern bis zwölf Jahren vorbehalten ist. Bänke umrunden das Grün und laden zum Erholen ein. Alte Linden, Buchen, Platanen und Kastanienbäume begleiten den Besucher auf seinem weiteren Spaziergang durch den Park. Die Kinder lockt ein großer Abenteuerplatz zu Spiel und Spaß.

Eine besondere Dekoration stellt die lebensgroße Bronzefigur eines Panthers dar, die um 1920 von dem Bildhauer Fritz Behn geschaffen wurde und heute unter Denkmalschutz steht.

· ·

▶ Südpark, Am Südpark, 50968 Köln
▶ ÖPNV: Bus 106, Haltestelle Südpark

Schöne Aussichten

33 Im Landschaftspark Belvedere

Der Landschaftspark Belvedere ist Teil des Äußeren Grüngürtels, aber nicht so bekannt und besucht wie die künstlerisch gestalteten Grünanlagen aus den 1920er-Jahren, die sich Richtung Süden anschließen. Das etwa 300 Hektar große Gebiet ist geprägt von Äckern, Feldwegen, kleinen Wäldchen und einem Hofgut. Im Norden liegt zudem das Fort IV und das Post Sportstadion, im Süden ist der alte Bahnhof Belvedere, der dem Park den Namen gab, und die Freiluga, die Freiluftgartenschule, Teil der naturnahen Grünflächen. Es sind das ländliche Idyll und die Belvederes, die den Charme des Landschaftsparks ausmachen. Im Rahmen der Regionale 2010 wurde das Gebiet als Erholungsort mit gleichzeitiger landwirtschaftlicher Nutzung ausgebaut. Seit 2014 können Besucher auf Spazier- und Radwegen das weitläufige Gelände und die Aussicht von vier Belvederes genießen. Die Aussichtsplattformen sind mit Rundwegen verbunden und geben von unterschiedlichen Höhen Ein- und Ausblicke in die Landschaft. So schaut man von dem 1 Meter hohen Felderblick auf die angrenzenden Äcker. Eine weitere Aussicht erlaubt die 4 Meter hohe Plattform Belvedere Ausblick am Waldesrand im östlichen Teil. Vor dem Betrachter liegen die Felder mit ihren fruchtbaren Lössböden, auf denen vor allem Mais, Raps, Zuckerrüben, Weizen und Gerste gedeihen. Nach rechts fällt der Blick auf das ehemalige Gut Vogelsang, eine Einrichtung des nahe gelegenen Max-Planck-Pflanzenforschungsinstituts, das die Felder im Auftrag des Instituts bewirtschaftet und gleichzeitig als Wissenschaftsscheune mit Schaugarten die Besucher zum Lernen und Mitmachen einlädt.

Auf den gut ausgebauten Wegen geht es entlang der Äcker zur Plattform Belvedere Blickfang. In einer Höhe von 8 Metern genießt man einen Rundblick zum Dom, dem Sendeturm des WDR in Bocklemünd, nach Lövenich, und im Süden bis zu den Lichtmasten des Rheinenergie Stadions. Noch etwas höher ist die Plattform Domblick nahe der A1, die den schönsten Panoramablick bietet, inklusive Aussicht auf den Dom, den Fernsehturm, das Köln Triangle und den „Henkel" der Lanxess Arena.

● Landschaftspark Belvedere, Belvederestraße, 50933 Köln
● ÖPNV: Bus 144, Haltestelle Belvederestraße; Stadtbahn 3, Haltestelle Bocklemünd, Schaffrathsgasse

Wald & Wild

34 *Naturerlebnisse im Lindenthaler Stadtwald*

Sehnsucht nach dem Wald und keine Zeit, aus der Stadt zu fahren? Dann hinein in den 205 Hektar großen Lindenthaler Stadtwald. Dort scheint die Stadt weit entfernt und die freie Natur ganz nah. Mächtige Bäume breiten ihre Zweige über die Wege und geben der Grünanlage einen Waldcharakter, der den Stadtwald so einzigartig macht.

Als Teil des Äußeren Grüngürtels gehört der Wald zu den ältesten Grünanlagen Kölns. 1895 wurde er auf dem Hofgut der Kitschburg nach dem Entwurf des Gartendirektors Kowallek angelegt und in den 1920er-Jahren nach Plänen des Nachfolgers Fritz Encke erweitert und gartenkünstlerisch gestaltet. Das weitläufige Gelände lädt zu ausgedehnten Spaziergängen, zum Radfahren, Picknicken, Bootfahren und Spielen ein. Die unterschiedlich gestalteten Bereiche schaffen dabei stets neue Reize. Ein kleiner Teich, mit Bänken am Ufer, ist dicht von Bäumen und Sträuchern umstanden. Sie schaffen eine stille und friedvolle Atmosphäre. Dem Teich schließt sich ein 750 Meter langer, kanalartiger Wasserlauf an, der sich von Bäumen beschattet bis zum großen Weiher zieht und von einer Bogenbrücke malerisch überspannt wird.

TIPP Hautnahe Berührungen gibt es mit dem freilaufenden Damwild, das aus den Händen frisst.

Dort, am großen Teich, erwarten den Besucher Bänke und Wiesenflächen, die zum Entspannen einladen. Am Südufer lockt die bewirtschaftete Terrasse eines Hotels. Hier speisten schon Anfang des 19. Jahrhunderts die Gäste im Stadtwaldrestaurant, das aus der Villa Kitschburg hervorging. Neben der Terrasse befindet sich ein Bootsverleih.

Zu einem Wald gehören auch Tiere und so integrierte man schon früh einen Wildpark in den Stadtwald. Hochlandrinder, Esel, Damwild, Schafe, Ziegen und Geflügel ziehen Kinder und Erwachsene gleichermaßen an. Westlich des Tierparks führen großzügig angelegte Spazierwege durch den Wald hin zu großen Liegewiesen und weiter über die Militärringstraße zum Adenauerweiher. Anziehungspunkt ist der Weiher und der anliegende Club Astoria. Das ehemalige belgische Offizierskasino wurde 1948 erbaut und 2007 als Restaurant mit Biergarten eröffnet.

Lindenthaler Stadtwald, Dürener Straße, 50935 Köln

ÖPNV: Stadtbahn 1, Haltestelle Eupener Straße, Clarenbachstift oder Maarweg; Stadtbahn 1, 7, 13, Haltestelle Aachener Straße/Gürtel; Stadtbahn 7, 13, Haltestelle Wüllnerstraße oder Dürener Straße/Gürtel; Bus 136, Haltestelle Dürener Straße/Gürtel; Bus 140, Haltestelle Aachener Straße/Gürtel

Eiszeitliche Dünen

35 *Am Oberen Mutzbach*

Der Name Dünnwald leitet sich ab von den zahlreichen Binnendünen, die nach der Eiszeit vom Wind abgelagert wurden und heute noch zu erkennen sind. Sie formten die Bergische Heideterrasse, deren Landschaftsbild sich im Laufe der Jahrtausende immer wieder änderte. Als vor etwa 300 Jahren die Laubwälder abgeholzt wurden, um Raum für Siedlungen und Viehweiden zu schaffen, siedelte sich in dem kiesigen und sandigen Boden die Heide an. Die Bäume blieben an wenigen feuchten, moorigen Stellen und schufen einen ständig nassen und sumpfigen Wald, den Bruchwald. So entstand die Bergische Heideterrasse, die sich als 80 Kilometer langes Band zwischen Duisburg und Siegburg entlang den Bergischen Höhen zieht.

Von den ehemaligen Heideflächen und Bruchwäldern sind nur noch Reste vorhanden, die vorwiegend in den Naturschutzgebieten zu finden sind. Die Wiederaufforstung im 19. Jahrhundert, die Bebauung, der Abbau von Kies und die militärische Nutzung ließen die typische Heidelandschaft verschwinden. Ein Beispiel für einen ursprünglichen Wald entlang eines kleinen Baches, welcher die Heideterrasse quert, liegt am Oberen Mutzbach. Der kleine Bach, der in Odenthal entspringt und nach rund 15 Kilometern bei Leverkusen in die Dhünn mündet, mäandriert im oberen Bereich durch die zeitweise überfluteten Auen. Der Bach darf sich hier frei entfalten und ein natürliches Bett bilden, das zwischen einer Breite von 2,5 bis 4 Metern variiert. Im artenreichen Auwald duften im Frühling Maiglöckchen und Veilchen, im Sommer verströmt das Mädesüß seinen intensiven, honigartigen Geruch. Eschen, Erlen, Eichen und Buchen begleiten den Bachlauf, dazwischen wachsen Holunder, Weiden, Brombeeren und vieles mehr. Der dicht mit Gräsern und Blumen bedeckte Waldboden und das zahlreich liegende Totholz zaubern eine Märchenstimmung am Mutzbach. Ein Besuch im Wald am Oberen Mutzbach und am nahe gelegenen Teich an der sogenannten Gänsewiese verspricht eine glückliche Auszeit.

TIPP *Der nahe gelegene Wildpark ist vor allem für Kinder ein lohnendes Ausflugsziel.*

○ Oberer Mutzbach, Kalkweg, 51069 Köln
○ ÖPNV: Bus 154, Haltestelle Dünnwald Kalkweg (von der Kreuzung 650 Meter Fußweg Richtung NO/Gänsewiese)

Berühmte Gartenarchitektur

36 Durch den Rheinpark

Eine blühende Oase im Herzen der Metropole liegt am rechten Rheinufer zwischen Hohenzollern- und Mülheimer Brücke. An der Stelle der preußischen Festungen wurde schon zu Beginn des 20. Jahrhunderts eine Grünfläche angelegt, die sich im Laufe der Zeit zu einem der schönsten Parks Deutschlands entwickeln sollte. In seine heutige Form wurde der Park für die Bundesgartenschau im Jahr 1957 gebracht. Seine Gestaltung spiegelt auch heute noch die Architektur und die eigene Ästhetik der 1950er-Jahre wider, zu erkennen u. a. im denkmalgeschützten Park Café – das auf seine Sanierung hofft – an den Stahlkonstruktionen, Plastiken und Wasserbecken. Für die zweite BUGA 1971 wurde der Park renoviert. Der Rheinpark, umgeben von Staatenhaus, Tanzbrunnen und Messe im Süden sowie Jugendpark, Claudius Therme und Seilbahnstation im Norden, ist ein Erholungsort für Jung und Alt. Jeder findet hier sein Lieblingsplätzchen. Spaziergänger schlendern durch die Allee am Flussufer oder über die gewundenen Wege, die vorbei an bunten Blumenbeeten, versteckten Sitzplätzen, sprudelnden Brunnen oder kunstvollen Skulpturen führen. Den verschiedenen Gartenräumen liegt jeweils ein Thema zugrunde. Ob Heide, Tropen, Mittelmeer, Wasser oder Rosen, jede Themeninsel inspiriert und lädt zum Entspannen ein. Freigelegte Sichtachsen ermöglichen immer wieder herrliche Ausblicke auf den Dom. Auf den Bänken am Rheinufer lässt sich die Silhouette der Altstadt mit St. Kunibert, dem Dom und Alt St. Martin genießen.

TIPP Mit der Seilbahn über den Rhein zum Zoo und zur Flora schweben.

Wasser spielt in der wellig geformten Parklandschaft eine herausragende Rolle. Ein Brunnengarten mit 14 Zierbrunnen, der Wassergarten, Springbrunnen, Fontänen und ein Flamingoteich beleben den Park und sorgen im Sommer für Abkühlung. Das ausgedehnte Wegenetz und die offenen, großen Wiesen nutzen auch Sportler gerne. Wem das Laufen zu anstrengend ist, der fährt mit der 2 Kilometer langen Kleinbahn durch die 40 Hektar große Parklandschaft. Der Rheinpark wurde 2007 zum schönsten Park Deutschlands gewählt. Kein Wunder also, dass er so beliebt ist.

○ Rheinpark, Auenweg, 50679 Köln
○ ÖPNV: Bus 150, 260, Haltestelle Im Rheinpark

Verstecktes Idyll

37 *Die Kunstfeldsiedlung*

Eine Künstlerkolonie? Eine Kunstakademie? Ein Experimentierfeld? Die Siedlung im Kunstfeld ist nichts von alledem. Es waren die künstlichen, chemischen Produkte, die der ältesten Arbeitersiedlung des Rheinlandes ihren Namen gaben. Zwei Fabrikanten verlegten im Jahr 1820 ihre chemische Fabrik wegen der schädlichen Dünste in den Wald nördlich von Dünnwald. Für die Produktion stellten sie rund 20 Arbeiter aus dem Bergischen an und errichteten für sie und ihre Familien kleine Fachwerkhäuser, die für die damaligen Verhältnisse einen hohen Standard und zudem Gärten zur Selbstversorgung besaßen. Für sich selbst bauten die Unternehmer zwei Patrizierhäuser im bergischen Stil, eines am südlichen und eines am nördlichen Ende des Ortes. Zur Siedlung gehören auch sieben Toiletten-Reihenhäuschen, die zusammen mit der Siedlung als einzige Toilettenanlage in Deutschland unter Denkmalschutz stehen. Wie zu Zeiten ihrer Entstehung liegt die kleine Wohnsiedlung auch heute abgeschieden im Wald. Wer den Weg hierher findet, gehört entweder zu den rund 150 Bewohnern oder sucht eine stille Auszeit im Grünen. In

TIPP Einkehr in der Waldschenke mit idyllischem Biergarten unter schattigen Bäumen.

dem weltfernen Ort scheint die Zeit stehen geblieben zu sein. Kein Lärm dringt in die Siedlung, nur das Zwitschern der Vögel und das Rauschen der Blätter sind zu hören. Von Süden kommend, passiert man zunächst ein herrschaftliches, umzäuntes Gartengrundstück. Eine Lindenallee führt zum Eingang des Herrenhauses. Der ehemaligen Unternehmervilla schließen sich in lockerer Bebauung die kleinen Siedlungshäuser mit den großzügigen Gärten an. Im Zentrum der Ortschaft finden sich liebevoll restaurierte Fachwerkhäuser mit reizenden Vorgärtchen. Die großen Ahornbäume spenden im Sommer wohltuenden Schatten. Ein bezauberndes grünes Wohnzimmer, in dem man herrlich entspannen kann. Von der Siedlung am „Hornpott", so im Volksmunde genannt, da ehemals eine Fabrik Tierhorn zu Knochenleim verarbeitete, führen zahlreiche Spazierwege in den umgebenden Wald.

○ Kunstfeldsiedlung, Am Kunstfeld 41, 51069 Köln
○ ÖPNV: Stadtbahn 4, Haltestelle Odenthaler Straße (15 Minuten Fußweg)

An grünen Wassern

38 *Die Buchten rund um den Höhenfelder See*

Mit etwa 2 Kilometern Uferlänge, zahlreichen kleinen Buchten und dichtem Ufergehölz gibt es am Höhenfelder See viele idyllische Rückzugsorte. Versteckt zwischen Sträuchern und Gräsern, kann man hier entspannte Stunden mit Blick auf das Wasser verbringen. Das Schwimmen ist aus gutem Grund nicht erlaubt, fällt doch der flache Uferbereich schon nach wenigen Metern stark ab und die Wassertemperaturen sinken rapide. Diese Geländeform ist zu verstehen, wenn man erfährt, dass der Höhenfelder See kein natürliches Gewässer ist. Wie bei vielen Seen in Köln handelt es sich bei dem 20 Hektar großen Wasser um den Baggersee einer ehemaligen Kiesgrube. Zwischen dem Naturschutzgebiet Dellbrücker Heide und dem Landschaftsschutzgebiet Dellbrücker Wald ist der See in eine geschützte Natur eingebettet, die eine stille Erholung verspricht: Spaziergänge oder Laufen auf den schön angelegten Wegen, in der Sonne am Ufer liegen, auf den Wiesen rund um den See picknicken oder auf den Bänken am Wegesrand ausruhen. Die Hobbyfischer von der Kölner Berufsfeuerwehr dürfen hier ihre Angelschnur nach Barschen,

TIPP Den Picknickkorb packen und eine kleine Bucht für einen entspannten Tag am See suchen.

Welsen, Karpfen und anderen Fischarten auswerfen, haben aber auch die Pflicht, den Fischbestand zu pflegen. Gestört wird die Anglerruhe allerdings immer wieder von Hunden, die den See gerne als große Badewanne nutzen.

Am Südufer hat sich eine kleine Halbinsel gebildet. Die Sandfläche ist mit Gras, Blumen und kleinen Gehölzen bewachsen, in ihrer Mitte lädt eine einfache Baumstammbank zum Verweilen ein. Der Blick geht über die blau schimmernde Wasserfläche hinweg zum grünen Wald, der den See an allen Seiten einrahmt. Darüber erhebt sich im Idealfall ein blauer Himmel. Dieses Farbspiel aus Grün und Blau hat eine beruhigende Wirkung. Grün steht für den Frühling, für fruchtbare Wiesen und Wälder und symbolisiert Hoffnung und Unsterblichkeit. Grün lässt uns Kräfte sammeln und schenkt uns Erholung. Das Blau vermittelt Weite, Freiheit und Unendlichkeit und schafft eine entspannte Atmosphäre, in der wir vom Alltag abschalten können.

▶ Höhenfelder See, Kalkweg, 51069 Köln
▶ ÖPNV: Bus 154, Haltestelle Dünnwald Kalkweg

Klein St. Gereon am Rhein

39 *Rund um St. Amandus in Rheinkassel*

Wer genau hinschaut, kann auf der gegenüberliegenden Seite die Mündung der Wupper erkennen. Von der Aussichtsterrasse an der kleinen Kirche St. Amandus, reizvoll auf dem Rheindeich gelegen, schweift der Blick über die Wiesen und Auwäldchen hin zum Rhein und hinüber ins rechtsrheinische Leverkusen, wo der längste Fluss des Bergischen Landes mündet. Die Rheinaue in Langel und Merkenich bildet mit dem grünen Ufer in Worringen ein fast durchgehendes Naturschutzgebiet, das sich bis zu den Ford-Werken in Niehl entlang des Rheins zieht. Stundenlang kann man hier am Fluss spazieren gehen, in kleinen Buchten oder zwischen Ufergebüsch sitzen, die Sonne genießen, die Natur spüren und Erholung finden. Pappelblätter tanzen im Wind, auf fetten Weiden grasen Pferde, zahlreiche Wildblumenarten zieren die Wiesen. Vor allem an Wochentagen, wenn nur ein paar Spaziergänger auf den Wiesenwegen am Rhein flanieren, scheint die Großstadt in weite Ferne gerückt zu sein. Den Aussichtspunkt über dem Rhein sollte man nicht verlassen, ohne einen Blick in die kleine Kirche geworfen zu haben. Die heutige Basilika entstand um 1220 durch den Umbau einer Saalkirche aus dem 10. Jahrhundert, nachdem die Kirche 1156 endgültig in den Besitz des St. Gereon Stiftes zu Köln gelangt war. So ist es nicht verwunderlich, dass St. Amandus mit seiner dem Rhein zugewandten Chorfassade und den beiden Flankierungstürmen wie ein kleiner Ableger der Kölner Stiftskirche St. Gereon wirkt. Besucher können hier außerhalb der Gottesdienste einige herausragende Ausstattungsstücke durch ein Gitter bewundern. Seitlich der Kirche befindet sich ein kleines Gärtchen. Der Kirchvorplatz lädt mit seinen Bänken und schattigen Bäumen zur Rast ein. Der gepflasterte Hof wird von einem Ensemble aus Pfarrheim und Reihenhäusern eingefasst. Gottfried Böhm, der auch die Restaurierung von St. Amandus durchführte, plante diese dörflich wirkende Siedlung in den 1970er-Jahren. Oberhalb der Rheinauen, frei von Autoverkehr und von Gärten umgeben, strahlt sie eine wohltuende ländliche Ruhe aus.

○ St. Amandus, Amandusstraße 2, 50769 Köln
○ ÖPNV: Bus 121, Haltestelle Rheinkassel

Die Welt von oben

40 Aussichtsreiche Hügel im Beethovenpark

Wunderbare Ruheplätzchen mit Panoramablick garantieren die Bänke auf den baumbestandenen Hügeln im Beethovenpark. Hier kann man die Augen schweifen lassen: Über die weitläufige Volkswiese mit ihren Spazierwegen, zur barocken Haube der Waisenhauskirche und dem Unicenter hinter den Bäumen und hin zum Kahlenberg. Dieser Berg, auch Pilzberg genannt, ist die höchste Erhebung im Beethovenpark und entstand erst 1953 durch den Abraum von Kriegstrümmern. Mittlerweile ist er größtenteils mit Wald bewachsen, doch bleibt ein breiter Wiesenhang, der sich zur Freude der Kinder im Winter hervorragend zum Rodeln eignet. Über gepflasterte Pfade erreicht man durch den Wald die Aussichtsplattform mit dem Betonpilz, von wo sich wieder neue Perspektiven auf den Park eröffnen.

Einen Weitblick gibt es auch vom Sülzer Balkon. Die halbkreisförmige Terrasse liegt etwas erhöht am Rande des Schmuckgartens. Von hier geht der Blick über die weitläufige Grünanlage, die im Westen an den Decksteiner Weiher grenzt und im Osten mit dem Klettenbergpark verbunden ist.

Der Beethovenpark wurde als Bindeglied zwischen Äußerem und Innerem Grüngürtel von Gartendirektor Fritz Encke geplant und von Nachfolger Theodor Nußbaum Ende der 1920er-Jahre realisiert. In einer ehemaligen Kiesgrube entstand ein 40 Hektar großer Park, der sich in einen naturbelassenen Landschaftspark mit Volkswiese und einen symmetrisch angelegten Schmuckgarten gliedert. Letzteren betritt man über den Haupteingang an der Neuenhöfer Allee. Rechteckig angelegte Wäldchen, Wiesen mit kegelförmig geschnittenen Zuckerhutfichten, Reste eines nicht mehr vorhandenen Rosengartens und Spielplätze sind symmetrisch an der Hauptachse ausgerichtet. Der zentrale Kranz aus schlanken Pappeln bringt eine mystische Komponente hinein.

An den Schmuckgarten schließt sich die große Volkswiese an, die an den Rändern ansteigt und von Wäldchen umgeben ist. Dank der Weitläufigkeit des Parks wird es nie unangenehm voll.

· ·

🟢 **Beethovenpark, Neuenhöfer Allee, 50937 Köln**
🟢 **ÖPNV: Stadtbahn 18, Haltestelle Klettenbergpark; Stadtbahn 13, Haltestelle Sülzgürtel**

Herrschaftliche Hofanlage

 Gut Leidenhausen am Rande der Wahner Heide

Leiden muss heute niemand mehr in Leidenhausen. Das Gut, dessen Name auf die Familie Leido zurückgeht und die dieses Land vor mehr als 1000 Jahren unter Mühen bewirtschaftete, ist heute ein Erholungsort am Rande der Wahner Heide und lädt zu Entdeckungen ein.

Die heutige Anlage geht aus einem Rittersitz aus dem 14. Jahrhundert hervor und war einst ein wasserumwehrtes Gebäude, das den Herren von Deutz gehörte. Im Lauf der Geschichte wechselten die Besitzer. Freiherren, Grafen, der Kurfürst von Köln und verschiedene Familien aus dem Kölner Raum zählten zu den Besitzern und gaben dem Hofgut seine heutige Gestalt. Zeitweise gehörte der Hof auch dem Duftwasserfabrikanten Mülhens, der das Gut als Wirtschaftshof für das angrenzende Gestüt Röttgen nutzte und eine Trainingsbahn für Rennpferde errichtete. Das Gestüt gehört noch immer der Mehl-Mülhens-Stiftung, die in dem von einer hohen Mauer umgebenen Gelände Vollblutzucht betreibt.

Seit 1963 gehört das Gut der Stadt Köln, die es zu einem Naherholungsgebiet ausbaute. Zudem dient Leidenhausen als Infoportal zur Wahner Heide und ist idealer Ausgangspunkt für Wanderungen in das Naturschutzgebiet. In den Gebäuden der vierseitigen Hofanlage befinden sich neben der Ausstellung zum Naturschutzgebiet Wahner Heide/Königsforst auch das Haus des Waldes, die Waldschule, ein Café und mehr. Bei schönem Wetter lassen sich Kaffee und Kuchen unter der großen, alten Linde genießen. Ein wunderschöner Platz in historischem Ambiente.

TIPP Südlich des Wildgeheges liegt ein Naturspielplatz mit großer Sandfläche, Schaukeln, Rutschen etc.

Durch den riesigen Torbogen, der nach Westen aus dem Innenhof herausführt, erreicht man die Wildgehege mit Rotwild und Wildschweinen. Noch spannender ist die Greifvogelschutzstation südlich des Hofes. Etwa 100 kranke und verletzte Greifvögel und Eulen werden hier jährlich aufgenommen, gepflegt und wenn möglich wieder in die Freiheit entlassen. Gut ausgebaute Wege im anliegenden Wald eignen sich für ausgedehnte Spaziergänge und an der Rennbahn gibt es am Morgen die Chance, den Pferden beim Training zuzusehen.

Gut Leidenhausen, Leidenhausen 1, 51147 Köln, Tel. (0 22 03) 3 34 44
www.gut-leidenhausen.de
ÖPNV: Bus 151, 152, Haltestelle Eil, Heumarer Straße (etwa 20 Minuten Fußweg); Straßenbahn 9, Endhaltestelle Königsforst (etwa 45 Minuten Fußweg)

Betörende Düfte

42 Im Rosengarten am Fort X

Der Rosengarten auf dem äußeren Wall der ehemaligen Verteidigungsanlage im Fort X ist ein kleines Paradies in der Stadt, eine stille Oase. Romantiker, Rosenliebhaber und Ruhesuchende werden hier gleichermaßen glücklich sein.

Anfang des 19. Jahrhunderts wurde das Fort als Verstärkung der mittelalterlichen Stadtmauer gebaut. Schon ab 1912 fremd genutzt, blieb es im Zuge der Entfestigung der Stadt nach dem Ersten Weltkrieg vom Abriss verschont und wurde von Gartenbaudirektor Fritz Encke in ein grünes Fort umgewandelt. Es ist heute eines der am besten erhaltenen Forts der Stadt. Der Entwurf entsprach der Vorliebe des damaligen Oberbürgermeisters Konrad Adenauer, der großer Rosenliebhaber war und in seinem Garten in Rhöndorf vor allem Rosen anpflanzte.

Wer durch das Tor der Befestigungsanlage geht, betritt eine andere Welt. Zwischen den Mauern des ehemaligen Reduits und des Walls steigt der Besucher den Graben hinauf und gelangt über eine Rampe in die zauberhafte Gartenanlage. Von Juni bis August verwandeln die Rosen den Garten in ein einziges Blütenmeer. Mehr als 2000 Rosen, die sich in über 40 Sorten gliedern, lassen sich hier bewundern. Etwas erhöht, lädt der pergolaartige Rosenpavillon zu einer romantischen Rast ein. Zu beiden Seiten des Pavillons wurden im ehemaligen Flankenwallbereich Platanenalleen gepflanzt. Begrenzt von hohen Hecken kann man auf den zahlreichen Bänken in dem abgeschiedenen und stillen Raum die Ruhe des Ortes genießen. Das Glacis, die Erdanschüttung vor dem Wall, ist mit Bäumen bepflanzt. Nach Süden hin schaut hinter den Bäumen der Wallbepflanzung malerisch der Turm von St. Agnes hervor. Er ist eine neugotische Schöpfung ohne Turmspitze, nur mit einer Balustrade und Figuren bekrönt. Der Turm erinnert an den gotischen Kirchenbau in England und zusammen mit dem Rosengarten entführt uns das Bild in eine englische Gartenanlage. Ein Spaziergang zwischen den Rosen, die Namen wie Bella Weiß, Alabaster, Harmonie und Duftwolke tragen, erfreut Auge, Herz und vor allem die Nase. Auf Rosen gebettet!

● Rosengarten am Fort X, Neusser Wall 33, 50670 Köln
● ÖPNV: Stadtbahn 16, 18, Haltestelle Reichenspergerplatz

Wo der Hirsch röhrt

43 *Im Wildgehege Brück*

Tiere üben eine große Faszination auf Menschen aus. Somit gibt es neben dem Bedürfnis nach frischer Luft und Bewegung einen weiteren Grund, das Wildgehege Brück aufzusuchen. Ist es nicht immer wieder bewegend, das Wild zu beobachten, zu streicheln oder gar zu füttern?

Im nordwestlichen Teil des Königsforstes liegt das Erholungsgebiet Brücker Hardt mit Wildgehege, Waldlehrpfad, Trimm-Dich-Platz, Picknickplätzen und Schutzhütten. Als Hardt wird hier der Hang zur Bergischen Heideterrasse bezeichnet, die sich als ein lang gestrecktes, etwa 2 bis 3 Kilometer breites Band von Duisburg bis nach Siegburg zieht und den Übergang von der Niederrheinischen Bucht zu den Bergischen Hochflächen bildet.

Durch das Waldgebiet mäandert der Flehbach, der sich aus mehreren Quellen im Königsforst speist. In der Höhe des Rückhaltebeckens zweigt ein Graben ab, der zu einem Teich führt, welcher zur Erker Mühle gehörte, die bis Ende des 19. Jahrhunderts in Betrieb war.

Ein Spaziergang entlang des naturnahen Baches führt zum Gehege der Wildschweine. Besonders interessant ist hier ein Besuch im Frühling, wenn die kleinen Frischlinge hinter ihrer Mutter durchs Gelände trippeln und in der Matsche am Bach tollen.

Im anschließenden Rotwildgehege geht es dagegen im Herbst spannend zu. Denn mit den ersten kalten Tagen beginnt die Brunftzeit des Rotwildes. Schon von Weitem hört man dann das Röhren der Hirsche, die sich mit ihren Rufen Respekt beim Kampf um die begehrten Damen verschaffen und dem Forkeln mit dem Geweih Nachdruck verleihen wollen.

Futter für die Tiere sollte man an den Automaten ziehen. Das Rotwild hat nämlich ein sehr empfindliches Verdauungssystem und falsche Fütterung kann zu ernsthaften Gesundheitsbeeinträchtigungen führen.

Bänke, Sitzgruppen und Aussichtspunkte laden im Park zum Beobachten, Erholen und Picknicken ein. Mit der Motorsäge herausgearbeitete Holztiere lassen den Besucher staunen. Ein Waldlehrpfad vermittelt Wissen über Baum- und Straucharten der gemäßigten Zonen.

• •

○ Wildgehege Brück, Lützerathstraße, 51109 Köln
○ ÖPNV: Stadtbahn 1, Haltestelle Brück Mauspfad (30 Minuten Fußweg); Bus 154, Haltestelle Kleinfeldchensweg (20 Minuten Fußweg)

Strandkorb mit Aussicht

44 *Die Rheinterrassen bei Kilometer 689*

Sommer in der Stadt. Es ist heiß, die Luft steht in den Straßen. Jetzt wären ein Liegestuhl, eine kühle Brise und ein erfrischender Drink angesagt. Nur einen kleinen Spaziergang vom Hauptbahnhof entfernt, lassen sich diese Wünsche erfüllen. An den Rheinterrassen und im Cologne Beach Club bei Stromkilometer 689 laden Strandliegen und -körbe sowie Lounge-Möbel und Chill-out-Betten zum Sonnen und Relaxen ein. Aus den Lautsprechern plätschert sanft die Musik, im Glas klirren die Eiswürfel, ein kühles, erfrischendes Lüftchen kommt vom Rhein. Während die Füße von weißem, feinem Sand verwöhnt werden, genießen die Augen einen unverstellten Blick über den Rhein hinweg zum Dom und zur Hohenzollernbrücke. Die Skyline von Köln lässt sich nirgendwo entspannter genießen. Sonnensegel, Pagoden, hohe Laubbäume, Palmen und zahlreiche Pflanzkübel sorgen für ein angenehmes Klima und viel glücklich machendes Grün. Zum Abend hin wird die Stimmung zudem romantisch, wenn sich die Sonne im Westen senkt. Den Urlaub am Meer kann der Beach Club leider nicht ersetzen, ist das Schwimmen im Rhein doch sehr gefährlich. Die starke Strömung wird trotz Warnungen immer wieder unterschätzt, sodass jährlich mehrere Menschen ertrinken. Die Wasserqualität des Rheins eignet sich auch nur bedingt zum Baden, obwohl sich der Zustand des Gewässers in den letzten Jahrzehnten stark verbessert hat. Durch gezielte Maßnahmen ist die Belastung durch Schwermetalle und andere Schadstoffe zurückgegangen und der Sauerstoffgehalt und die Artenzahl der Kleintiere auf dem Grund des Flusses sind wieder angestiegen. Es wird an weiteren Verbesserungen gearbeitet, um Mikroverunreinigungen aus Siedlungsabwässern und der Landwirtschaft zu vermeiden.

Es wird viel für Vater Rhein getan, doch sollten wir das Wasser den Fischen und Schiffen überlassen. Eine kalte Dusche im Beach Club verspricht die nötige Abkühlung, bevor man es sich in einem der Liegestühle mit Aussicht wieder bequem macht.

TIPP Der angrenzende Tanzbrunnen ist das ganze Jahr über Open-Air-Bühne für Konzerte und Shows.

▶ Rheinterrassen, Cologne Beach Club, Rheinparkweg 1, 50679 Köln, Tel. (02 21) 2 84 76 30
www.km689.de
▶ ÖPNV: Stadtbahn 3, 4, Haltestelle Kölnmesse; S-Bahn 11, 12, 13, 19,
Haltestelle Bahnhof Messe/Deutz

Sandiges Vergnügen

45 *Die Sportanlage am alten Fort in Bocklemünd*

Am westlichen Stadtrand, an die WDR-Studios angrenzend und idyllisch von einem Wäldchen umgeben, liegt die Anlage des Telekom-Post-Sportvereins Köln (TPSK 1925 e. V.). Der Post-Sportverein wurde 1925 gegründet und schon zwei Jahre später konnte der Sportpark in Bocklemünd eingeweiht werden. Die Anlage war auf dem zurückgelassenen Trümmerfeld des abgetragenen Forts IV, von dem die Kehlkaserne noch erhalten ist, entstanden.

Gartenbaudirektor Fritz Encke entwarf den Plan für die Neugestaltung des Geländes als Teil des Äußeren Grüngürtels und es entstanden zwischen 1924 und 1925 eine Sportanlage sowie ein Luftbad für kränkliche Kinder. Die symmetrische Form dieser Anlage ist heute noch weitgehend erhalten, doch die Nutzung und Einteilung wurden entsprechend den heutigen Anforderungen verändert. In den Flügelbauten der Kehlkaserne sind Vereinsräume sowie ein Verein für Arbeit und Qualifizierung untergebracht. Auf dem Areal der ehemaligen Fußball- und Schlagballplätze trainieren die Sportler heute auf mehreren Tennisplätzen, unterschiedlich gestalteten Fußballplätzen, einem Bogensportgelände, einer Boule-Spielanlage und einem Fitnessparcours.

Ein Geheimtipp sind von April bis September die Beachvolleyballplätze. Zu ihnen gelangt man über die Holzterrasse der Beach Bar, die typischerweise mit Strohmatten überdacht ist und an die sich Sandflächen und die Volleyballplätze anschließen. Hier kommt geradezu Urlaubsstimmung auf und wer Beachvolleyball liebt, möchte am liebsten die Schuhe von den Füßen streifen und mit dem Pritschen und Baggern im weichen Sand beginnen. Man kann es sich aber auch bequem machen und als Zuschauer ein kühles Getränk oder einen Snack an der Beach Bar genießen. Ein weiterer schöner Platz im Gelände ist der Biergarten der Vereinsgaststätte Altes Poststadion, von dessen Terrasse das Geschehen im Sportpark gut zu beobachten ist. Für Geschichtsinteressierte bietet sich ein Spaziergang zur Kehlkaserne an. Sie ist über einen separaten Zugang über den Freimersdorfer Weg zu erreichen.

∙∙∙

❯ TPSK 1925 e. V., Freimersdorfer Weg 4, 50829 Köln
www.tpsk.koeln
❯ ÖPNV: Stadtbahn 3, Haltestelle Schaffrathsgasse; Bus 145, Haltestelle Bocklemünd WDR

Im Schutz einer Kaiserin

46 *Die Flora*

Wir scheinen uns auf der Terrasse einer italienischen Villa zu befinden. Auf einer Seite die elegante Fassade eines Palastes im Stil der Neorenaissance mit Rundbögen und Rosettenfenstern. Auf der anderen Seite eine „catena d'acqua", eine Wassertreppe wie in einem italienischen Renaissancegarten. Sie ist eingerahmt von zwei Laubengängen und führt zur oberen Terrasse und einer mit Waldreben berankten Pergola. An ihrer Stelle stand einstmals der Tempel der Flora, Göttin der Blüte, die diesem vor mehr als 150 Jahren eröffneten Paradies inmitten der Stadt ihren Namen gab. Wir befinden uns im Gartenlokal des Wintergarten Palastes in der Kölner Flora, einem wunderbaren Ort mitten im Grünen, zum Entspannen und Genießen. Dank Augusta wurde die Gaststätte nach der Kaiserin und Ehefrau Kaiser Wilhelms I. benannt. Sie war von dem Konzept des neuen Botanischen Gartens so begeistert, dass sie die Schirmherrschaft für den Bau und den Erhalt übernahm. Der Garten blickt auf eine wechselvolle Geschichte zurück und erstrahlt heute nach jahrelangen Restaurierungsarbeiten in alter Pracht. Ins Leben gerufen wurde die Flora in den 1860er-Jahren. Ein Komitee namhafter Kölner Bürger bemühte sich um einen Ersatz für den Botanischen Garten im Stadtzentrum, der dem neuen Hauptbahnhof weichen musste. Der Direktor des Königlichen Hofgartens Joseph Peter Lenné wurde mit der Planung des Parks betraut. Mittelpunkt war der Wintergartenpalast aus Glas und Eisen, eine Vergnügungsstätte für die gehobene Gesellschaft. Die verschiedenen Parkbereiche zeigen die Geschichte der Gartenkunst. Durch das schmiedeeiserne, prächtige Eingangstor betritt man das im französischen Barockstil angelegte Parterre mit Fontänen und Blumenbeeten. Die italienische Gartenkunst spiegelt sich in der Wassertreppe wider und der südliche Parkbereich zitiert den englischen Landschaftsgarten. Nach Norden schließt sich der 1914 eröffnete Botanische Garten an, der 1920 mit der Flora zusammengelegt wurde. Etwa 12.000 Pflanzenarten aus aller Welt erfreuen heute den Besucher. Zum vollkommenen Glück ist dieses Vergnügen kostenlos.

Flora, Alter Stammheimer Weg, 50735 Köln
ÖPNV: Stadtbahn 18, Haltestelle Zoo/Flora

Glücklich im Grünen

 In der Iddelsfelder Hardt

Zwischen Sieg im Süden und Ruhr im Norden erstreckt sich die Bergische Heideterrasse am Hang – der Hardt – zwischen Kölner Bucht und Bergischem Land. Ein Teil davon ist die Iddelsfelder Hardt mit der Mielenforster Heide, der Mielenforster- oder Herrenwiese, der Frankenforstbachaue, dem Pennigsfeld und Resten der Brücker Heide.

Anders als der Königsforst oder die Wahner Heide, ebenso Teil der Bergischen Heideterrasse, kommt die Iddelsfelder Hardt unspektakulär daher. Hier gibt es keine touristische Infrastruktur, weder Tretbecken noch Ausflugslokal. Gründe, dieses ruhige Waldgebiet mit den großen Wiesenflächen zu besuchen, gibt es trotzdem. Zum einen sind es die naturnahen Waldbestände, die artenreichen Wiesen und der Frankenforstbach, der die Herrenwiese leicht mäandrierend durchfließt. Seine Ufer werden von Gehölzen begleitet, die den Bach beschatten und Lebensraum für heimische Flora und Fauna bieten. Das Bachsystem ist von besonderer Bedeutung für Edelkrebse und Libellen. Auf den extensiv genutzten Rinderweiden wachsen seltene Pflanzen wie Acker-Witwenblumen und Herbstzeitlosen.

Zum anderen bietet die große Herrenwiese einen großen Auslauf für Vierbeiner. Wer keinen Hund besitzt, kann sich im Tierheim Dellbrück als Gassigänger eintragen lassen und hat somit die Gelegenheit, regelmäßig mit einem Hund über die Wiesen und durch die Waldgebiete zu streifen. Für den Spaziergänger bringt die regelmäßige Bewegung an der frischen Luft Ausdauer, sie stärkt Kreislauf, Knochen und Muskeln, verringert Stress und hilft Fett zu verbrennen. In Begleitung eines Hundes macht das Laufen noch mehr Freude. Tiere schenken uns ihre Zuneigung und erfordern unsere Aufmerksamkeit. So halten sie uns im Hier und Jetzt und bieten häufig die Gelegenheit zum Gespräch mit anderen Hundehaltern und Spaziergängern.

● **Iddelsfelder Hardt, Bensberger Marktweg, 51069 Köln**
● **ÖPNV: Stadtbahn 3, 18, Haltestelle Dellbrücker Hauptstraße, weiter mit Bus 154, Haltestelle Ostfriedhof**

Ein Meistergarten

48 Zauberhafte Gartenarchitektur im Volkspark

Der Volkspark in Raderthal ist ein Musterbeispiel für die Parkgestaltung der 1920er-Jahre. Er wurde nach Plänen des Gartenbaudirektors Fritz Encke auf dem Gelände des äußeren Festungsrings angelegt. Obwohl der Park nach dem Zweiten Weltkrieg zum großen Teil überbaut wurde, strahlt er noch heute den Geist des frühen 20. Jahrhunderts aus und ist unbedingt einen Besuch wert.

Die Kölner Parkanlagen dieser Zeit, die sich unter dem Eindruck großer sozialer Umwälzungen entwickelten, verdanken ihre Entstehung dem weitsichtigen Oberbürgermeister Konrad Adenauer, dem sozialpolitisch verständnisvollen Städtebauer Fritz Schumacher und dem Meister der Gartenkunst, Fritz Encke. Letzterer verfolgte schon früh die Idee des sozialen Grüns und war bestrebt, die Besucher an der Schönheit der Schöpfung teilhaben zu lassen. Er plante Grünanlagen, die Raum zum Aufenthalt und zur Bewegung im Freien geben sowie Erkenntnisse über die Natur vermitteln sollten.

Diesem Geist folgt auch die Gestaltung der Gartenräume innerhalb der Ringwälle und des Schmuckgartens. Die Wälle am südlichen Ende, rechts und links der großen Volkswiese, schützen einen Reigenplatz und den Leseplatz unter Platanen. Die Rosenterrassen um den Reigenplatz und der Pavillon mit der Bücherausleihe und dem Kiosk im Platanenwald sind nicht mehr erhalten. Bänke laden aber auch heute noch zur Rast an diesen abgeschiedenen Orten ein. An der Kardorfer Straße erstreckt sich der symmetrisch angelegte Schmuckgarten. Seine Mitte bildet ein lang gestreckter Rasen mit einer Birkenallee, die zu einem Brunnentempel leitet. Vier Eingänge, von je zwei Kinderplastiken flankiert, führen zur Brunnenschale in seiner Mitte. Zu beiden Seiten der Zentralachse liegen Blumengärten, die durch Mauern, Hecken und Pergolen in zauberhafte Gartenräume unterteilt werden. Bogenförmige Stein- und Sitzbänke in erhöhten Lauben bieten idyllische Plätze zum Verweilen. Der lange Zeit vernachlässigte Park wurde seit 2001 durch eine private Initiative wieder instand gesetzt und 2002 in Fritz-Encke-Volkspark umbenannt.

● Fritz-Encke-Volkspark, Kardorfer Straße (Höhe Bundeswehrfachschule), 50968 Köln
● ÖPNV: Bus 131, Haltestelle Heeresamt; Bus 132, Haltestelle Marienburg Leyboldstraße

Wo in Köln die Puppen tanzen

 Am Eisenmarkt in der Kölner Altstadt

Im Mittelalter herrschten in den verwinkelten Gassen im Martinsviertel Enge und Schmutz und die Lebensbedingungen in den kleinen und engen Häusern waren miserabel. Erst in den 1930er-Jahren wurde die Altstadt saniert und ein großer Teil der mittelalterlichen Häuser abgerissen. Man errichtete Neubauten nach historischem Vorbild, die an das deutsche Mittelalter erinnern sollten. Kleine, dunkle Plätze und verwinkelte Ecken verschwanden, Plätze wie der Eisenmarkt entstanden. Der Platz hat nichts mit dem mittelalterlichen Eisenhandel zu tun, sondern erinnert an den nördlich gelegenen, ehemaligen Handelsplatz und das alte Eisenhandwerk.

Von lebhaften Gassen umgeben und durch eine schmale Passage mit dem quirligen Heumarkt verbunden, erwartet der Eisenmarkt den Passanten als ruhiger und beschaulicher Ort. Hier gibt es keine Außengastronomie, was den Besucher aber nicht hindert, sich hier auszuruhen und eine Pause einzulegen. Unter den Bäumen, die den Platz im Sommer in eine schattige Oase verwandeln, laden zahlreiche Bänke zum Sitzen und Picknicken ein. Oder zum Warten. Zum Warten auf den großen Auftritt der Puppen, die im Puppentheater am Eisenmarkt tanzen. Das weit über die Grenzen Kölns bekannte Hänneschen-Theater zeigt in seinem Haus am Eisenmarkt jährlich rund 270 Puppenspiele, die auf Kölsch geschrieben und gespielt werden. Die Ruhe ist vorbei, wenn sich die Fans von Hänneschen und Bärbelchen, von Tünnes und Schäl und anderen Kölner Originalen auf dem Platz drängen, in Vorfreude auf die Vorstellung in Kölscher Sprooch, um eine der begehrten Karten zu ergattern oder um einen Blick hinter die Kulissen zu werfen.

TIPP *Ein Besuch des Puppentheaters offenbart die Kölsche Seele. Frühzeitig Karten bestellen!*

Der Eisenmarkt war jahrelang auch Heimat des Millowitsch-Denkmals. Der unvergessene Kölner Schauspieler, der aus einer Puppenspielerfamilie stammte und für seinen Kölner Witz und Humor bekannt war, saß als lebensgroße Bronzefigur auf einer Bank vor dem Hänneschen Theater. 2014 zog er auf den nach ihm benannten Platz an der Breite Straße um.

🟢 **Eisenmarkt, 50667 Köln**
🟢 **ÖPNV: Stadtbahn 1, 5, 7, 9, Haltestelle Heumarkt**

Monet am Rhein

50 Am Seerosenteich im Botanischen Garten

Wer kennt nicht die Bilder von Claude Monets Garten im französischen Giverny? Ein malerischer Seerosenteich, eine Bogenbrücke nach japanischem Vorbild, Weiden, die das Ufer säumen und sich mit den Wolken im Wasser spiegeln. Wer für einen solch malerischen Anblick nicht nach Giverny reisen möchte, der begebe sich in den Botanischen Garten an der Flora. Dieser Garten, der 1914 eröffnet und sechs Jahre später mit der Flora vereint wurde, beherbergt neben Beeten für unterschiedliche Pflanzengattungen auch einen Seerosenteich. An seinem Ufer laden Bänke unter alten Weiden mit weit ausladenden Ästen zum Verweilen ein. Der Blick fällt zwischen den herabhängenden, im Wind tanzenden Zweigen auf eine ganz ähnliche idyllische Szene, wie Monet sie Ende des 19. Jahrhunderts in seinem Garten entstehen ließ. Die Weiden und die Wolken spiegeln sich im Wasser und zwischen den tellerförmigen Schwimmblättern leuchten die anmutigen Blüten der Seerosen. Die Nymphaeen, so ihr botanischer Name, sind perfekt in ihrer Symmetrie. Im Zusammenspiel mit der sich spiegelnden Wasseroberfläche entfalten die rosafarbenen Blütensterne ihre ganze Pracht. Hinter dem Teich erhebt sich ein Felsen, von dem sich ein Wasserfall ergießt und als kleiner Bach dem Gewässer zufließt. Ein Spaziergang zum gegenüberliegenden Felsen, der als Alpinum Lebensraum für Gebirgspflanzen bietet, eröffnet eine weitere pittoreske Aussicht auf den Seerosenteich. Gleichzeitig wird der Blick entlang der Mittelachse des Gartens zu einer außergewöhnlichen Allee gelenkt. Die erste Palmenallee Deutschlands verleiht dem Botanischen Garten ein südländisches Flair. Auf einer Länge von 60 Metern wachsen chinesische Hanfpalmen, die allesamt Samenzöglinge des 1975 im tropischen Hof angepflanzten Exemplars sind.

Im Botanischen Garten locken noch weitere Attraktionen und viele lauschige Plätze in ganz unterschiedlichen Gartenräumen, die uns mit ihren Farben und Düften glückliche Stunden versprechen.

▶ Botanischer Garten, Am Botanischen Garten, 50735 Köln (Zugang zum Botanischen Garten auch über Flora, Alter Stammheimer Weg)
▶ ÖPNV: Stadtbahn 18, Haltestelle Zoo/Flora

Ein unverbautes Stück Natur

51 | *Spiel, Spaß und Erholung in den Poller Wiesen*

Im Mittelalter machten sich die Stadtväter große Sorgen um Vater Rhein. Er drohte sein Bett zu verlassen und es bestand die Gefahr, dass Köln samt Hafenanlagen vom Fluss abgeschnitten würde. Um dies zu vermeiden, begann man im Mittelalter mit ersten Befestigungen und startete um 1560 ein Großprojekt, das in den folgenden 250 Jahren ständig weitergeführt wurde: Die Poller Köpfe, drei Uferbefestigungen, die den Strom in seinem Bett halten sollten. Dafür wurden 200 Schiffe versenkt, die mit Basalt und Kies gefüllt und mit Pfählen im Flussgrund fixiert wurden. Eichenstämme wurden in den Boden getrieben und mit schweren Querbalken verbunden. All das half aber nichts, als im Jahr 1784 die schlimmste Hochwasserflut aller Zeiten über Köln und das rechtsrheinische Mülheim rollte. Die Bewehrungen wurden zerstört. Die Poller Köpfe wurden später mit dem Bau des Deutzer Hafens durch moderne Befestigungen und Buhnen (in den Fluss gerichteter Dämme) ersetzt. Bei Niedrigwasser tauchen immer wieder Holz- und Eisenreste der versenkten Oberländer Schiffe auf. Diese archäologischen Funde führten dazu, dass die Wiesen

TIPP Abendstimmung mit Sonnenuntergang und Panoramablick auf die Altstadt genießen.

als historische Uferlandschaft unter Bodendenkmalschutz gestellt wurden. Historisch betrachtet bezieht sich der Name Poller Wiesen auf den Abschnitt zwischen Severins- und Südbrücke, heute ist damit aber meist der 4 Kilometer lange, unbebaute Uferstreifen zwischen Deutzer Hafen und der Rodenkirchener Brücke gemeint. Die Wiesenlandschaft entlang des Flusses und die Kiesbuchten sind ein beliebter Ausflugsort. Spaziergänger schätzen die Uferwege, Fußballer kicken auf mehreren Plätzen, Tennisspieler genießen die tolle Lage am Fluss und Restaurants laden zur Einkehr. Die offenen Wiesenflächen eignen sich zum Picknicken, Grillen oder zum Sonnenbad und bieten die vielleicht schönste Aussicht auf den Dom, die Brücken und Kranhäuser. Zahlreiche asiatische Körbchenmuscheln finden sich am Ufer und zeugen von einer verbesserten Wasserqualität des Flusses. Die Schafherden ziehen blökend über die Wiesen. Kormorane warten auf Beute. Ein Naturidyll vor der Skyline der Stadt.

○ Poller Wiesen, Alfred-Schütte-Allee, 51105 Köln
○ ÖPNV: Stadtbahn 7, Haltestelle Drehbrücke; Bus 159, Haltestelle Schüttewerk

Grüner Magnet für alle

52 *Der Biergarten am Rathenauplatz*

Wo wir uns finden, wohl unter Linden, zur Abendzeit … und dabei ein kühles Kölsch genießen. Der Biergarten am Rathenauplatz, einer der schönsten Biergärten in der Domstadt, liegt von Hecken umgeben und von alten Linden und Eichen beschattet am Rande einer kleinen Grünanlage. Wenn die Tage länger werden und die lauen Abende die Menschen nach draußen locken, ist der Biergarten im Grünen ein beliebter Treffpunkt für Einheimische, Neubürger und Besucher. Eltern können ganz gelöst die lockere Atmosphäre genießen, denn die Kleinen vergnügen sich in Sichtweite auf dem anliegenden, umzäunten Spielplatz. Eine weitere Spielfläche und ein Fußballkäfig stehen an der nördlichen Seite des Platzes zur Verfügung. Auch für Freunde des Pétanque-Spiels ist der Platz mit der Boule-Bahn die richtige Adresse. Die Mitte der Anlage zieren Rasen- und Blumenbeete, die von Ruhebänken umgeben sind.

Der Biergarten hat seine Existenz der Bürgergemeinschaft Rathenauplatz zu verdanken, die sich seit 1977 um eine verbesserte Lebensqualität auf und rund um den Platz kümmert. Ein buntes Programm von Flohmärkten, über Frühschoppenkonzerte bis zum Nachbarschaftsfest bereichert das Leben im Viertel. Im Jahr 2000 konnte der Gastronomiepavillon in Betrieb genommen werden. Er lockt am Abend zahlreiche Studenten, die von der nahen Universität in das Viertel schwärmen. Wegen seiner Szenekneipen und kleinen Theater wird es auch „Kwartier Latäng", abgeleitet vom Pariser Studentenviertel „Quartier Latin", genannt. Im Biergarten wird Hellers Kölsch ausgeschenkt, was sich zur Nähe des Brauhauses um die Ecke anbietet. Der Name Kölsch darf laut Kölsch Konvention von 1985 übrigens nur für ein obergäriges helles, hopfenbetontes, klares und trockenes Vollbier, das nach dem Reinheitsgebot im Stadtgebiet Köln (mit wenigen Ausnahmen) gebraut wird, verwendet werden. Aus der Kölschstange, dem 0,2 Liter fassenden, zylindrischen Bierglas, schmeckt das Kölsch immer frisch und ist ein wunderbarer Begleiter für glückliche Stunden im Biergarten.

Biergarten am Rathenauplatz, Rathenauplatz 30, 50674 Köln
www.rathenauplatz.de/biergarten
ÖPNV: Stadtbahn 9, 12, 15, Haltestelle Zülpicher Platz; Bus 136, 146, Haltestelle Roonstraße

Weite Wiesen

53 *Durch die Merheimer Heide*

Die Wiesen der Merheimer Heide, eingerahmt von Buchen und Eichenwäldchen, laden die Menschen zum Erholen und Entspannen ein. Die als Volkspark angelegte Grünfläche bietet mit den Wiesenflächen und Spazierwegen, dem großzügigen Spielplatz und Trimm-Dich-Pfad viel Raum für Freiluftvergnügen. Zwischen 1929 und 1932 wurde nach einem Entwurf von Theodor Nußbaum eine 150 Hektar große Volks- und Sportwiese als Teil des Äußeren Grüngürtels angelegt. Die Idee des damaligen Oberbürgermeisters Konrad Adenauer war, dass der rechtsrheinischen Bevölkerung auch ausreichend Erholungsraum zur Verfügung stehen sollte. Es ist nicht viel von der ursprünglichen Gestalt des Naherholungsgebietes geblieben. Nur die geraden Spazierwege, die sternförmig auf einen Pilzunterstand zuführen, erinnern an die Anlage. Als in den 1970er-Jahren das Autobahnkreuz Ost gebaut wurde, erfuhr die Merheimer Heide eine schmerzliche Einbuße. Die Grünfläche wurde kleiner und durch den Autobahnzubringer in einen nördlichen und einen südlichen Bereich geteilt, der mit einer Fußgängerbrücke verbunden ist. Es wurde auch lauter, aber durch die Erdwälle und Pflanzungen wird der Lärm der tiefer liegenden Autobahn etwas ferngehalten.

Ähnlich den anderen Volksgärten in Köln entstanden auch in der Merheimer Heide verschiedene Sportstätten und somit eine riesige Freizeitanlage für die Bevölkerung. Als solche kann man die Merheimer Heide bis heute bezeichnen, denn noch immer schließen sich im Südwesten mehrere Fußball- und Tennisplätze an. Der FC Viktoria Köln 1904, zwei Tennisclubs und der TuS Köln rrh. 1874 sind hier zu Hause. Die Sommerterrasse des Biergartens an einem der Fußballplätze lädt zum Genießen ein. Auch die in den 1920er-Jahren geplanten Kleingärten, die sich nach Norden hin anschließen, sind immer noch begehrter Erholungsort im Grünen.

Im nördlichen Bereich bestimmen Buchen- und Eichenhaine, Ulmen, Robinien, Weiden und Ahornbäume das Bild der Grünanlage und trennen die Wiesen in kleine Bereiche auf.

· ·

○ Merheimer Heide, 51103 Köln

○ ÖPNV: Stadtbahn 1, Haltestelle Höhenberg Frankfurter Straße; Bus 151, 152, Haltestelle Höhenberg Frankfurter Straße

Die Magie des Wassers

54 *Rund um den Fühlinger See*

Der Fühlinger See ist für viele der Inbegriff von Badevergnügen, Open-Air- und Sportveranstaltungen. Sieben miteinander verbundene Seen, eine Regattastrecke und 19 Kilometer Spazier-, Fahrrad- und Reitwege bieten im Landschaftsschutzgebiet rund um das Wasser aber noch weit mehr Möglichkeiten der Erholung und Gelegenheiten zum Glücklichsein. Das Freizeitangebot und die wunderschöne Natur ziehen im Sommer unzählige Menschen aus dem gesamten Stadtgebiet an. Wenn am See das Summerjam Festival, das Phantasie Spectaculum, Köln-Triathlon und Schwimm-, Ruder- und Kanumeisterschaften oder andere Open-Air-Veranstaltungen locken oder die sommerliche Hitze zum Baden einlädt, dann strömen Zehntausende in das Erholungsgebiet rund um die Seen.

Aber es gibt auch ruhige Tage am See. Selbst auf der Ruderinsel, auf der sich die Tribünen, der Zielturm der Regattastrecke, ein Biergarten und ein Fitnesscenter befinden, ist es dann eher einsam und man trifft nur wenige Menschen. Es sind diese stillen Tage, an denen die Besucher entspannt auf den Wiesen am See liegen oder in einem Klappsessel auf dem Bootssteg sitzen. Für welche Tage man sich entscheidet, kommt ganz auf die Art des Glücksbedarfs an. Ruhe oder fröhliche Ausgelassenheit, alles ist möglich am und im Fühlinger See. Schon in den 1920er-Jahren waren die damaligen Kiesgruben ein Anziehungspunkt für Badelustige, denn durch den nahen Rhein füllten sich die Gruben schnell mit Grundwasser und es entstanden die beliebten Baggerweiher. Aber erst in den 1960er-Jahren wurde das Naherholungsgebiet durch Rekultivierung und die Zusammenlegung der Kiesgruben entwickelt. Das Seengebiet sollte der neu gebauten Trabantenstadt Chorweiler zur Erholung und als grüne Trennung zum östlich gelegenen Industriegebiet dienen. Für die Rudervereine wurde die 2300 Meter lange Regattastrecke angelegt und die einzelnen Seen wurden für unterschiedliche Sportarten wie Schwimmen, Rudern, Surfen, Tauchen und Angeln vorgesehen.

● Fühlinger See, Oranjehofstraße 103–105, 50769 Köln
● ÖPNV: Bus 122, Haltestelle Seeberg; Bus 120, 121, 123, Haltestelle Chorweiler Merianstraße;
Bus 121, 124, Haltestelle Oranjehofstraße

Beim Ziegenbock zu Hause

55 *Die grüne Terrasse im Geißbockheim*

In Köln hört man diesen Klingelton häufiger: Meckern! Nein, es beschwert sich niemand, hier meldet sich Hennes, das Maskottchen vom 1. FC Köln. Dieses Maskottchen, ein real existierender Ziegenbock in der achten Generation, ist heute im Kölner Zoo zu Hause. Er ist das bekannteste Fußballvereinstier der Welt und steht den Spielern seit 1950 als Glücksbringer zur Seite. Der erste Bock, Hennes I., wurde 1949 geboren und gehörte einem Zirkus. Die Besitzer schenkten das Tier auf einer Karnevalssitzung dem FC als Maskottchen und man taufte den Bock auf den Namen des damaligen Spielertrainers Hennes Weisweiler. Im Clubhaus des Fußballvereins am Decksteiner Weiher, an das Biotop Gleuler Wiese und den Beethovenpark angrenzend, begegnet man dem Konterfei des Ziegenbocks auf Schritt und Tritt. Schon vom Parkplatz her grüßt eine überlebensgroße Plastik des Geißbocks die Besucher und lässt die Herzen der FC-Fans höher schlagen. Die Traditionsgaststätte mit der Aussichtsterrasse ist eingebettet in die Wiesen und Wälder des Äußeren Grüngürtels. Die mit zahlreichen Pflanzen begrünte Terrasse ist Treffpunkt für Spaziergänger, Radfahrer, Ausflügler und Fans zugleich. Hier sitzt man in gemütlichen Lounge-Möbeln oder an den Biergartentischen. Bei Traditionsgerichten und mediterranen Spezialitäten kann man ein lecker Glas Kölsch – oder zwei, drei – genießen und die Ruhe und Frische der grünen Lunge Kölns erleben. Und vielleicht begegnet der Fan auch einem seiner Stars. Um das Clubhaus sind die verschiedenen Trainingsplätze des RheinEnergieSportparks gruppiert. Auf den offenen und niedrig begrenzten Rasenplätzen kann man den Spielern zum Wochenbeginn beim Grundlagentraining zuschauen. Wenn es geheimnisvoller wird, ziehen sich die Spieler ins angrenzende Franz-Kremer-Stadion zurück. In dem Stadion, das 1971 als Amateurstadion fertiggestellt wurde, werden dann die Strategien eingeübt. Gespielt wird im RheinEnergieStadion, das in Müngersdorf ebenfalls in den Grüngürtel gebettet ist. Das Franz-Kremer-Stadion bleibt als Heimspielstätte der Jugend vorbehalten.

● Geißbockheim, Franz-Kremer-Allee 1-3, 50937 Köln
● ÖPNV: Stadtbahn 18, Haltestelle Klettenbergpark

Warum in die Ferne schweifen

56 *Ein Urlaubstag an der Groov*

Touristen verirren sich selten hierher, liegt die Freizeitanlage an der Groov – was so viel wie Kiesbank bedeutet – doch mehr als 10 Kilometer vom Kölner Dom entfernt. Das heißt aber nicht, dass es hier immer ruhig und einsam ist. Die Halbinsel bildet mit dem ehemaligen Flussarm, der heute durch Dämme in zwei Teiche und einen Jachthafen unterteilt ist, ein beliebtes Ausflugsziel. Rad- und Spazierwege, Sandstrände und Liegewiesen, Spielplatz, Minigolfanlage, Tretbootverleih und die dümpelnden Segelboote lassen Urlaubsstimmung aufkommen. An Wochenenden in den Sommermonaten finden besonders viele Ausflügler ihren Weg zur Groov. Viele kommen mit dem Fahrrad, denn die Groov ist über den Rheinradweg gut zu erreichen. Eine besonders schöne Anfahrt von der linken Rheinseite ist mit dem KroKoLino möglich. Die Fähre verbindet von März bis Oktober den Stadtteil Weiß mit der Freizeitinsel.

An Werktagen und in den kühlen Jahreszeiten geht es auf der Groov ruhiger zu. Dann sind nur noch der Wind in den Bäumen, das Zwitschern der Vögel und das Plätschern des Wassers zu hören. Diese natürlichen Töne sind Balsam für unsere Ohren und wirken heilend auf Geist und Seele. Entlang der Wege in der naturnahen Auenlandschaft laden Bänke zum Verweilen ein und ermöglichen teilweise schöne Ausblicke auf die Silhouette von Zündorf. Über den Teich hinweg geht der Blick zwischen Bäumen hindurch zum Wehrturm des mittelalterlichen Turmhofes und streift weiter zur romanischen Kirche St. Michael und zur Pfarrkirche St. Mariä Geburt. Auch die kleinen Sandstrände sind an weniger belebten Tagen Ruheplatz für eine Auszeit und Träumereien am großen Strom. Am Marktplatz bilden alte Bürger- und Fachwerkhäuser mit Restaurants und Biergärten einen idyllischen Rahmen für eine vergnügliche Einkehr. Vor allem die Tische unter den mächtigen Bäumen am Teich versprechen ein beschauliches Plätzchen sowohl für den leiblichen Genuss als auch für den perfekten Blick auf die Fontäne und den mit Wasservögeln belebten Teich.

TIPP Im Wehrturm an der Groov finden wechselnde Ausstellungen von Künstlern aus der Region statt.

🔘 Groov, An der Groov, 51143 Köln
🔘 ÖPNV: Bus 164, Haltestelle Zündorf Marktstraße

Haus des ewigen Lebens

57 *Auf dem Jüdischen Friedhof in Deutz*

Der älteste erhaltene jüdische Friedhof in Köln wurde 1918 geschlossen und ist im Rahmen einer Führung (sehr lohnend) zu besuchen. Seine Abgeschiedenheit und die jüdische Begräbniskultur führten dazu, dass sich die 18 Hektar große Anlage in naturbelassenem Zustand befindet. Im jüdischen Glauben ist das Grab für die Ewigkeit angelegt und als Eigentum des Toten unantastbar für alle Zeiten. Eigentlich gehören Pflanzen nicht auf einen jüdischen Friedhof, da sie der Erde die Kraft entziehen, die der Verstorbene für seine Auferstehung braucht. Doch die Natur entfaltet sich überall und Bäume, Gräser und Blumen, die sich angesiedelt haben, dürfen nicht entfernt werden. Sie sind Teil des Verstorbenen geworden und werden nur gestutzt. Der Schnitt verbleibt in der Nähe des Grabes. So scheint der jüdische Friedhof verwildert, ist aber vielmehr Teil der Landschaft und eng mit dieser verbunden. Auf den Grabdenkmälern liegen kleine Steine als Zeichen der Verehrung und des Gedenkens.

Im ältesten Teil des Friedhofs sind die Grabdenkmäler aus Sandstein schon teilweise verwittert. Bekannte Persönlichkeiten, wie der Vater von Jacques Offenbach, liegen hier begraben. Viele Grabsteine sind mit Symbolen versehen, die auf den Stamm, den Beruf oder den Namen des Verstorbenen hinweisen. Hände mit gespreizten Fingern stellen die Segnungsgeste der Kohen, der Hohepriester, dar. Ein Wasserkrug erklärt den Verstorbenen zum Stamm der Leviten zugehörig. Rindskopf, Hirsch oder Lorbeerkranz symbolisieren Familiennamen, die sich die Juden seit dem Mittelalter zugelegt haben.

TIPP Führungen über den Friedhof können über die Synagogengemeinde Köln gebucht werden.

Der mittlere Teil ist an den niedergelegten Grabsteinen zu erkennen. Grund dafür ist eine Anweisung aus der Preußenzeit, als der Friedhof in der Nähe einer Lünette (Festungswerk) lag und stehende Grabsteine die Schusslinie behindert hätten.

Im hinteren und am stärksten verwilderten Bereich des Geländes befinden sich die jüngsten Gräber, die scheinbar von Efeu verschlungen werden. Wildblumen und eine Vielzahl von Insekten fühlen sich hier wohl.

⊙ Jüdischer Friedhof Deutz, Judenkirchhofsweg, 50679 Köln
⊙ ÖPNV: Stadtbahn 7, Haltestelle Deutz Drehbrücke

Botanische Reise um die Welt

58 Baumschönheiten im Friedenswald

Überall auf der Welt werden Bäume und Wälder als Zeichen des Friedens gepflanzt. Dies ist auf die Bedeutung und Symbolik des Baumes zurückzuführen. Mit seinen zahlreichen Zweigen, die aus einer einzigen Wurzel stammen, ist der Baum ein wunderbares Sinnbild für die Völker dieser Erde, die alle eines Ursprungs sind. Der Wald wiederum spiegelt die Gemeinschaft wider. Bäume schließen sich über Wurzeln zusammen und bilden so ein verflochtenes System, in dem sie sich austauschen und im Notfall auch unterstützen.

In den Jahren 1979/81 wurde im Süden von Köln durch die Pflanzung von Bäumen und Sträuchern ein 26 Hektar großer Friedenswald geschaffen, der als Symbol für die Völkerverständigung steht. Die unterschiedlichen Baumarten vertreten die 141 Staaten, mit denen die Bundesrepublik Deutschland zu dieser Zeit diplomatische Beziehungen unterhielt. Diplomatie bedeutet Dialog und Dialog kann Frieden schaffen. Die Anzahl der diplomatischen Beziehungen ist gewachsen, doch im Friedenspark ist nichts verändert worden, sodass er noch heute die Staatengemeinschaft der damaligen Zeit darstellt.

Auf dem Weg durch das weitläufige, sanft modellierte Wiesengelände flaniert der Besucher durch Asien, Amerika, Europa, Afrika und Ozeanien. Die verschiedenen Baumarten sind mit Schildern gekennzeichnet. So erfährt man den Namen des Baumes und sein Herkunftsland. Da in unserem mitteleuropäischen Klima keine subtropischen Bäume wachsen, wurden für tropische Länder wie Lesotho oder Gambia stellvertretend einheimische Baumarten gepflanzt. Die unterschiedliche Gestalt der Bäume, ihre Blattformen und die Vielfalt der Blütenfarben bezaubern zu allen Jahreszeiten und lassen den Spaziergang um die Welt zu einem beeindruckenden Erlebnis werden.

Auf einem der Hügel thront eine mächtige Trauerweide. Unter ihren weit ausladenden Ästen und den lang herabhängenden Zweigen, mit denen der Wind spielt, lädt eine Bank zum Betrachten und Entspannen ein. Hier ist die Stadt so fern und das Glück so nah.

⊙ Friedenswald, Schillingsrotter Straße, 50996 Köln
⊙ ÖPNV: Stadtbahn 16, Haltestelle Rodenkirchen (800 Meter Fußweg); Bus 131, Haltestelle Konrad-Adenauer-Straße; Bus 135, Haltestelle Schillingsrotter Straße

Aufatmen im Grünen Herz

59 *Auszeit im Mülheimer Stadtgarten*

Der Stadtgarten ist ein erstaunlich ruhiger Ort und das grüne Herz Mülheims, des bevölkerungsreichsten Stadtteils Kölns. Umgeben von Schulen, der Stadthalle und Kleingärten ist der Verkehrslärm des nahen Wiener Platzes kaum zu hören. Die 6,5 Hektar große Grünanlage in der ehemals seichten Niederung des Strundener Baches wurde 1912/13, als das damals wohlhabende Mülheim noch eine selbstständige Stadt war, nach Plänen des Gartenarchitekten Josef Vincentz angelegt. 1914 wurde Mülheim zu Köln eingemeindet und die heutige Gestalt der Anlage geht im Wesentlichen auf den Stadtbaurat der Stadt Köln, Theodor Nußbaum, zurück. Verschiedene Natur- und Erlebnisbereiche locken seit Entstehung des Parks. Spielplätze, Tischtennisplatten, ein Boule-Platz und eine Slackline-Wiese bieten auch heute Zeitvertreib für Jung und Alt. Herzstück der Anlage ist der Teich mit den Trauerweiden, die dicht am Wasser gebaut eine melancholische und zugleich romantische Stimmung erzeugen. Unter ihren herabhängenden Zweigen, die sich malerisch im Wasser spiegeln, ruhen Enten und Gänse. Eine besonders schöne Aussicht auf

TIPP Koordination, Balance und Konzentration mit der Slackline trainieren.

diese idyllische Szene bietet sich dem Besucher von der Wiese im Kiefernwäldchen am Ufer des Teiches. Hier lässt es sich verweilen und die Wasservögel beobachten. Eine breite Treppe führt hinauf zum Eingang an der Jan-Wellem-Straße und dem gleichnamigen Denkmal, das an den beliebten Herzog Johann Wilhelm II. von Jülich und Berg erinnert (Mülheim gehörte bis zur Eroberung durch Napoleon zum Herzogtum Berg). Ein paar Schritte weiter südlich bezaubert der Märchenbrunnen. Das Kunstwerk aus Muschelkalk und Bronze schuf der Bildhauer Wilhelm Albermann im Jahr 1914. Wieder unten im Park angekommen, werden die Schritte zum ehemaligen Rosengarten gelenkt. Der formale Gartenteil wird von einer erhöhten Terrasse in zwei Bereiche gegliedert. Die Bänke rund um die heute mit Rasen bewachsenen Beete sind ein beliebter Platz. Auf den Wiesen rund um den Teich ist in der warmen Jahreszeit immer etwas los. Dann wird gegrillt und gechillt und das Leben genossen.

○ Stadtgarten Mülheim, Wiener Platz/Jan-Wellem-Straße, 51065 Köln
○ ÖPNV: Stadtbahn 4, 13, 18, Haltestelle Wiener Platz; Bus 152, 153, 159, Haltestelle Wiener Platz

Dorfidyll um St. Gereon

60 Im historischen Ortskern von Merheim

Noch im 19. Jahrhundert pilgerten sonntags die Gläubigen aus den umliegenden Orten über die sternförmig auf Merheim zuführenden Kirchwege zur Pfarrkirche St. Gereon, die zu den ältesten rechtsrheinischen Pfarreien gehört. Dies ist heute kaum noch vorstellbar, liegen der Ort und die Pfarrkirche am verkehrsreichen Autobahnkreuz Ost, zwischen A3 und A4. Im alten Ortskern von Merheim ist davon allerdings wenig zu spüren. Das Ensemble von Kirche und historischen Gebäuden, umgeben von grünen Wiesen, Gärten und Baumgruppen, erinnert an ein ländliches Idyll aus vergangenen Zeiten. Ein von Linden bestandener Weg führt durch ein Wiesengelände zur Kirche mit dem wuchtigen Glockenturm, der zwischen den Bäumen schon von Weitem zu sehen ist. Das heutige Kirchengebäude stammt aus dem Jahr 1820 als Nachfolgebau einer romanischen Kirche, die 1818 eingestürzt war und die selbst in der Nachfolge einer Frühkirche aus dem 7./8. Jahrhundert stand. Leider ist die Kirche meist verschlossen, sodass die zahlreichen Kunstgegenstände im Innern dem Besucher nicht zugänglich sind. Der die Kirche umgebende Friedhof bietet zum Ausgleich einen ruhigen und friedlichen Ort im Grünen. Die vereinzelt auf der Wiese stehenden Grabdenkmäler und -kreuze, die bis ins 16. Jahrhundert zurück datieren, erinnern an die Verstorbenen der Pfarrei. Hinter der Kirchhofsmauer liegen die alten, denkmalgeschützten Pfarrgebäude und der Pfarrgarten. Bei der Umrundung der Kirche gelangt der Spaziergänger zum Fronhof. Zu dem Herrenhof aus dem 6. oder 7. Jahrhundert gehörte schon damals eine Pfarrkirche. Weiter geht der Weg unter Linden bis zur Straße und dem altehrwürdigen Gasthof Em ahle Kohlberg. Das Gebäude im bergischen Fachwerkstil wurde 1665 errichtet und ist das älteste Gasthaus im rechtsrheinischen Köln. Weitere klassizistische und barocke Bauten sowie Wegekreuze unterstreichen den ländlichen Charakter des alten Merheim, rund um St. Gereon zwischen Fußfallstraße – hier standen die Fußfallstationen der Wallfahrt zum Gnadenbild in St. Gereon – und Abshofstraße.

●●

○ St. Gereon, Von-Eltz-Platz 6, 51109 Köln
○ ÖPNV: Bus 157, Haltestelle Köln Merheim, Broichstraße

Im alten Rheinbett

61 Das Naturschutzgebiet Worringer Bruch

Wie ein Hufeisen liegt der naturnahe Wald in der flachen Wiesenlandschaft der Kölner Bucht. Vor etwa 5000 Jahren zog sich dieses Hufeisen noch bis zum Rhein hin, denn es handelt sich beim Worringer Bruch um einen fast gänzlich verlandeten Mäanderbogen des nahen Stroms. Am tiefsten Punkt der Stadt Köln – das Naturschutzgebiet liegt 37,5 Meter ü. d. M. – sammelt sich immer noch das Wasser in Bächen, Tümpeln und Sümpfen. Dabei sind die Gewässer abhängig vom Rheinpegel, der den Grundwasserspiegel im Worringer Bruch stark beeinflusst. Da diese feuchte Auenlandschaft von etwa 164 Hektar schwer zugänglich war, wurde das Gebiet landwirtschaftlich nicht genutzt und konnte sich so ungestört entwickeln. Nach späteren Rodungen und Wiederaufforstungen wurde der Worringer Bruch 1991 unter Naturschutz gestellt und darf sich seitdem wieder zum Auen-Bruchwald und Urwald zurückentwickeln, der Lebensraum für zahlreiche, zum Teil gefährdete Pflanzen und Tierarten bietet. Aus diesem Grund ist es auch nicht erlaubt, die ausgewiesenen Wege und Pfade zu verlassen, die durch den stillen und scheinbar unberührten Auenwald führen. Vogelstimmen ertönen von allen Seiten im Geäst der Weiden, Eschen und Erlen. Wer Glück hat, entdeckt im grünen Laub den gelb-schwarzen Pirol oder hört die Nachtigall rufen. Der kleine, unscheinbare Vogel hat eine gewaltige Stimme und seine Lieder umfassen bis zu 260 Strophentypen. Den Boden des lichten Waldes bedecken Moose, Gräser, Brennnesseln. Blindschleichen, Molche und Erdkröten sind hier zu Hause. Über den offenen Wasserflächen schweben Großlibellen und an ihren Ufern blühen gelbe Schwertlilien. In der Dämmerung huschen die Fledermäuse durch den Wald und die Waldohreule beginnt mit ihrer Jagd. Auch wenn das Waldgebiet relativ klein ist, kann man hier die Zeit vergessen, denn die Schönheit der Natur ist beeindruckend. Im Südosten dieses Idylls wurde eine der blutigsten Schlachten des Mittelalters geschlagen, die Schlacht von Worringen im Jahr 1288. Die brabantisch-bergische Koalition schlug in einem fürchterlichen Gemetzel den Erzbischof von Köln.

● Worringer Bruch, Senfweg/Ecke Bruchstraße, 50769 Köln-Worringen
● ÖPNV: S-Bahn 6, 11, Haltestelle Köln-Worringen; Bus 120, 123, Haltestelle Köln-Worringen

Sport, Spiel, Erholung

 62 *Der Volksgarten am preußischen Fort IV*

Die Idee der Volksgärten entstand in Deutschland im 19. Jahrhundert mit dem Hintergrund, den einfachen Bevölkerungsschichten in den Städten einen Erholungs- und Bewegungsraum zu schaffen. Die Wohnverhältnisse der Industriearbeiter und ihrer Familien waren teilweise so schlecht, dass sie gesundheitliche Probleme mit sich brachten. Der nach ästhetischen Kriterien gestaltete Volksgarten sollte zur Erbauung, Gesundheit und Bildung der Bürger beitragen. In diesem Sinne entstand zwischen 1887 und 1889 nach Plänen des Kölner Gartenbaudirektors Adolf Kowallek die 15 Hektar große Anlage zwischen Vorgebirgswall, Eifel-, Volksgarten- und Vorgebirgsstraße, die zum ersten Mal eines der nicht mehr genutzten preußischen Forts mit einbezog. Den Übergang zum Volkspark schaffte die Umgestaltung durch Kowalleks Nachfolger Fritz Encke. Er orientierte sich noch stärker an den Bedürfnissen der Bevölkerung, lockerte die dichte Bepflanzung und öffnete die Wiesen als Spiel-, Sport- und Ruhefläche.

Der Volksgarten ist zu jeder Jahreszeit beliebt. Die Parkanlage mit ihren verschiedenen Gartenräumen, dem großen Teich mit Fontäne und angrenzendem Biergarten, dem Tretbootverleih, den Spielplätzen, Spazierwegen und dem Theater ist ein wunderbarer Ort für Spiel, Sport, Erholung und Vergnügen.

TIPP Toller Ausflugsort für Familien. Im Sommer unbedingt in den Biergarten und Bötchen fahren.

Zwei Parkbereiche sollten hier besonders erwähnt werden. Zum einen der Felsengarten mit einer Ruhebank oberhalb des Wasserfalls. Unter dem Schutz der herabhängenden Zweige, dem Gurgeln und Plätschern des Wassers lauschend, fällt der Blick über den Wasserfall und die Felsen hinunter zum kleinen Teich und der künstlich gestalteten Felslandschaft. Zum anderen sei der Rosengarten hinter dem Fort IV genannt. An diesem ruhigen Rückzugsort warten Parkbänke am Rande der duftenden Rosenbeete auf Ruhe liebende Besucher. Vom Ausgang des Rosengartens führt ein breiter Weg hinunter zum großen Teich. Links öffnet sich der abgeschiedene Kehlgraben des ehemaligen Forts, der zum beschaulichen Spaziergang einlädt.

○ **Volksgarten, Eifelstraße, 50677 Köln**
○ **ÖPNV: Stadtbahn 12, Haltestelle Eifelplatz; Bus 142, Haltestelle Volksgarten**

Die Wälder schweigen

63 *Stille im Naturschutzgebiet Chorbusch*

Einer der wenigen Altwälder im Kölner Stadtgebiet ist der Chorbusch, der nach Norden in den Knechtstedener Wald mit dem gleichnamigen Kloster übergeht. Es ist ein stiller Wald, wenn er auch nicht stumm ist. Im Gegensatz zu den monotonen Geräuschen der Stadt sind die Stimmen des Waldes Musik und Balsam für unsere Ohren und schenken uns Abwechslung und Erholung vom Alltagslärm. Erich Kästner hat in seinem Gedicht „Die Wälder schweigen" von der wundersamen Kraft der Natur geschrieben, von Bäumen als Freunden, von Gräsern, die uns zunicken und Spinnen, die zwischen den Pflanzen seidene Strümpfe stricken. „Die Jahreszeiten strolchen durch die Wälder", sagt er. Im Gegensatz zur Stadt erleben wir in der Natur den Jahreszeitenwechsel, wir sehen die Pflanzen wachsen, blühen, Früchte hervorbringen und vergehen. Die Natur schenkt Geborgenheit und Trost und gleichzeitig eine Freiheit, die uns die Stadt verwehrt.

Der Chorbusch stellt mit seinen naturnahen Laubwaldgesellschaften ein abwechslungsreiches Erholungsgebiet dar. Im Frühling bedecken Buschwindröschen den Wald mit weißen Blütenteppichen. Dann hämmern Schwarz- und Mittelspechte ihre Höhlen in die Totholzbäume. Fast das gesamte Artenspektrum der typischen Waldtiere ist hier vorhanden. Das strukturreiche Waldgebiet ist ein wertvoller Lebensraum, dessen Schutz durch die Naturwaldzelle am Sandweg noch hervorgehoben wird.

Der Totholzanteil im Wald ist sehr hoch und umgefallene Bäume laden zum Verweilen ein. Wer sich die Zeit nimmt und still an einem Ort verharrt, wird mit jeder Minute durch neue Eindrücke belohnt. Wir hören die unterschiedlichen Stimmen der Vögel, das Brummen der Insekten, das Rascheln der Maus im Laub und den Wind in den Bäumen. Wir unterscheiden nach und nach immer mehr Pflanzen und sind erstaunt, was uns beim schnellen Dahingehen so alles entgeht. Einfach mal planlos durch den Wald streifen, auf die kleinen Naturpfade abbiegen, innehalten und den Wald spüren. Dieses Glücksgefühl von Freiheit und Naturverbundenheit lässt sich im Chorbusch erleben.

● Chorbusch, Further Weg, 50769 Köln
● ÖPNV: Bus 120, Haltestelle Köln Roggendorf Im Wichemshof (50 Minuten Fußweg);
mit dem Pkw zum Parkplatz Chorbusch, Further Weg/Lehmbergweg

Eintauchen & Aufatmen

64 *Im Blücherpark in Bilderstöckchen*

Im Blücherpark ist das ganze Jahr etwas los: In den Sommermonaten ziehen Konzerte, Partys und Ausstellungen die Besucher in den Park. Der Biergarten am großen Wasserbecken lädt bei schönem Wetter zum Genießen ein und in der angeschlossenen Kahnstation werden Bötchen vermietet. Ungeachtet dieser Attraktionen zieht die Grüne Lunge im Kölner Nordwesten viele Erholungssuchende an. Ein wenig beeinträchtigt wird die ersehnte Ruhe von der angrenzenden A57, doch stört die Geräuschkulisse nicht wesentlich. Davon zeugen die entspannten Gesichter der Spaziergänger, Radfahrer und Läufer (Markierte Laufstrecken führen durch den Park und den angrenzenden Grünzug). Diese heitere Atmosphäre hat so gar nichts mit der militärischen Strenge des Generalfeldmarschalls Blücher zu tun, der diesem Park den Namen gab. Fast 100 Jahre nach seinem Sieg über Napoleon entstand 1911 ein Volkspark nach den Plänen von Gartenbauer Fritz Encke. In seiner geometrischen Form und mit dem symmetrischen Grundriss erinnert er eher an einen feudalen Barockgarten als an einen Erholungsort für die Bürger der Industrievororte.

TIPP Weltmusik im Blücherpark. Konzerte internationaler Musikgruppen und Künstler nicht verpassen.

Und doch bietet der Park für jeden etwas. Auf 700 Metern Länge sind unterschiedliche Gartenbereiche gestaltet. Der südliche Teil wird von einem Garten mit Brunnenbassin und einer Wiese im Zentrum eingenommen. Die mit Betonkugeln markierten Wege führen zwischen Gehölzen zu schattigen Plätzen und Bänken. An diesen Bereich schließt sich eine Wiese und das 1,5 Hektar große Weiherbecken an. Zu beiden Seiten des Weihers führt eine Lindenallee zu breiten Treppen, die von Steinlöwen flankiert werden. Von den erhöhten Plateaus geht es in den Barockgarten hinunter. Von dem symmetrisch angelegten Rosengarten gleitet der Blick über die Wasserfläche zurück zum Bootshaus und nach Norden zur großen Spiel- und Liegewiese. Im Sommer wird dort gefeiert, Fußball gespielt oder gegrillt. Es finden sich im Blücherpark viele Plätzchen zum Sonnen und Entspannen. An der Ostseite des Parks gibt es zudem einen Waldspielplatz und ein Fußballfeld.

● Blücherpark, Parkgürtel, 50739 Köln
● ÖPNV: Stadtbahn 13, Haltestelle Escherstraße

Grüne Stille am Kloster

65 *Im Klosterhof von St. Pantaleon*

Eben noch am Barbarossaplatz, wo sich die stark befahrenen Bundesstraßen Nr. 9 und 55 kreuzen, und nun, wenige Gehminuten später, im stillen Klosterbezirk von St. Pantaleon. Das kleine Paradies in der südlichen Altstadt liegt geborgen hinter hohen Mauern. Durch ein Tor gelangt der Besucher in die mit hohen Bäumen bestandene Oase. Vor uns erheben sich die beiden Türme der ältesten romanischen Kirche Kölns. Sie wurde auf den Ruinen einer römischen Villa gebaut und im Laufe der Zeit deutlich vergrößert. Erzbischof Bruno, Bruder Kaiser Ottos des Großen, stiftete ihr um 960 die Reliquien des Märtyrers Pantaleon und ergänzte die Kirche um das erste Benediktinerkloster Kölns. Erzbischof Bruno und seine angeheiratete Nichte, die spätere Kaiserin Theophanu und Frau Ottos II., haben in St. Pantaleon ihre letzte Ruhestätte gefunden. Theophanu, eine der einflussreichsten Herrscherinnen des Mittelalters, verehrte den Heiligen sehr. Sie hatte die Kirche zum Ende des 10. Jahrhunderts vergrößern lassen und wünschte sich, im neuen Westwerk begraben zu werden. Ihr Marmorsarg und andere bedeutende Kunstwerke sind einen Besuch der Basilika wert. Bei einem Rundgang um die Kirche erfasst man die Dimension des ehemaligen Klosterbezirks. Nach Norden schließt sich ein kleiner Park an. Dort, wo früher die Rebstöcke des Klosters gediehen, gruppieren sich heute Laubbäume und Kiefern um eine Wiese mit Spielplatz und Ruhebänken.

Seitlich der Kirche gelangt man durch einen Torbogen in den Klosterhof. Die einst so bedeutende Benediktinerabtei gibt es längst nicht mehr, sie wurde 1802 im Zuge der Säkularisation aufgehoben. Von dem Kloster sind nur noch Kreuzgangfragmente der Basilika erhalten. Der Hof ist von Gebäuden umschlossen, die als Wohnstätten für Flüchtlinge und andere bedürftige Menschen dienen. In dem sogenannten Papst Benedikt Hof (Der Papst zelebrierte hier zum Weltjugendtag 2005 eine Vesper für Priesteramtskandidaten) herrscht eine friedliche Atmosphäre. Auf den Mauerbänken zwischen den Bögen des Kreuzgangs kann man die Stille und die Ausstrahlung des Ortes genießen.

St. Pantaleon, Am Pantaleonsberg, 50676 Köln
ÖPNV: Stadtbahn 12, 15, 16, 18, Haltestelle Barbarossaplatz

Frauen im Wandel der Zeiten

66 *Der versteckte Hof am Farina Haus*

Zentral und doch versteckt liegt der Innenhof des Farina Hauses, den man durch Gebäudepassagen erreicht. Der Hof wirkt wie ein Garten und die Atmosphäre verschafft ein wenig Ruhe und Erholung inmitten der pulsierenden Altstadt. Der begrünte Hof wird von einem Laubengang umrundet. Auch wenn es keine Ruhebänke gibt, lohnt sich der Besuch. Interessant ist der Frauenbrunnen, der als bunte Säule zwischen den Büschen hervorschaut. Die Bildhauerin Anneliese Langenbach gestaltete diese TerraSkulptur, die Kölner Frauen und Mode unterschiedlicher Epochen präsentiert und die Geschichte der Stadt Köln von einer ganz anderen Seite erleben lässt.

Die dargestellte Historie beginnt mit einer Ubierin, denn im Jahre 50 wurde aus der einstigen Ubierstadt „oppidum Ubiorum" die vollberechtigte römische Stadt „Colonia Claudia Ara Agrippinensium" oder kurz CCAA. Ebenso aus dem 1. Jahrhundert stammt die nun folgende Römerin. Die Dame mit Stirnreif und Scheibenfibel am Gewand aus dem Jahr 400 ist die Heilige Ursula, die laut Legende als christliche Prinzessin

TIPP Wer am Platz verweilen möchte, der speist im Sommer auf der Terrasse des italienischen Restaurants.

auf der Rückreise einer Pilgerfahrt nach Rom mit ihren 11.000 Gefährtinnen durch die Hand der Hunnen den Märtyrertod erlitten haben soll. Neben der Heiligen steht eine Kölnerin aus dem 14. Jahrhundert, die eine Marktfrau des Mittelalters darstellt. Ihr schließt sich eine Jüdin mit langen Zöpfen und Kopfschleier an. Die Zahl 1424 verweist auf das Jahr, in dem die Juden nach einem Pogrom die Stadt verlassen mussten. Aus der Zeit um 1600 wird eine Niederländerin präsentiert, die als verfolgte Protestantin in das konfessionsoffene Köln geflohen war. Daneben verkörpert die Italienerin aus dem Jahr 1750 die Epoche des Barock. In dieser Zeit kam der italienische Parfümeur Johann Maria Farina nach Köln und kreierte hier sein Eau de Cologne. Die Dame aus dem Jahr 1832 erinnert an die Einverleibung des Rheinlandes durch die Preußen nach dem Wiener Kongress. Eine zeitgenössisch gekleidete Frau mit Kind schließt den Kreis der 2000-jährigen Geschichte.

Farina Haus, Unter Goldschmied 5, 50667 Köln, Tel. (02 21) 3 99 89 94
www.farina.org
ÖPNV: Stadtbahn 1, 5, 7, 9, Haltestelle Heumarkt; Stadtbahn 5, Haltestelle Rathaus

Vogelparadies am Rhein

67 *Wildnis im Langeler Auwald*

Auf schmalen Pfaden eine Wildnis erleben, wie es sie im Kölner Stadtgebiet selten gibt, die Einsamkeit des Waldes spüren und bei Sonnen-
schein in den kleinen Sandbuchten am Rheinufer liegen. Diese wunderbaren Naturerlebnisse gibt es am Langeler Lido und in dem sich
anschließenden naturnahen Auwald. Bis nach Lülsdorf erstreckt sich
das 4 Kilometer lange Waldgebiet in der Wesselinger Rheinschlinge.
Hier darf der Rhein seinen Gürtel weiter schnallen, denn das Gebiet gilt
als Überschwemmungsbereich des Rheins und wird durch einen Deich
begrenzt, der die dahinterliegenden Felder und Siedlungen vor Hochwasser schützt. Bei Hochwasser können hier 150 Hektar Land überflutet
werden, ohne größeren Schaden anzurichten. Früher gab es fast zehn
Mal so viele Überflutungsflächen am Rhein, doch die Begradigung des
Flusses im 19. Jahrhundert führte zum Verlust von Rückhaltegebieten,
sodass Hochwasserwellen heute deutlich höher ansteigen.

Von einem Spazierweg, der nach Süden am Fluss entlangführt, erreicht
man die kleinen Sandbuchten. Das Wort Lido hält, was es verspricht,
nur dass es hier wesentlich ruhiger ist als am Urlaubsstrand im Süden.
Nicht nur zum Baden lohnt sich ein Ausflug hierher. Ein Spaziergang
führt am Restaurant und Biergarten Strandbad Langel vorbei in den geschützten Auwald. Ein schmaler Pfad in Ufernähe führt durch das Naturschutzgebiet mit alten Pappeln und Silberweiden und zahlreichen Blu-
men- und Grasarten. Der Langeler Auwald mit seinen intakten
Gleitufersäumen ist ein wichtiger Lebensraum für auentypische Lebens-
gemeinschaften und seltene Arten. Zudem ist er Teil des Flora-Fauna-
Habitat-Gebietes Rhein-Fischschutzzone. Die kiesig-sandigen Uferzonen,
die Ruhigwasserbereiche und der feuchte Auwald sind ein Biotop für
rheintypische Fischarten. Der Naturfreund wird in dem stillen Wald viele
Entdeckungen machen. Biegt man nach etwa 2 Kilometern den Pfad nach
links ab, führt der Weg wieder zurück und hinauf zum Deich. Auf dem
mit wertvollem Magerrasen bewachsenen Schutzwall mit Aussichten auf
die anliegenden Felder und Dörfer geht es zurück zum Ausgangspunkt.

● Lido und Auwald Langel, Frongasse, 51143 Köln
● ÖPNV: Bus 164, Haltestelle Langel Kirche

Pause mit Tünnes & Schäl

68 *Grüne Oasen um Groß St. Martin*

Die meisten eilen an der kleinen Oase bei Groß St. Martin vorbei. Nur wenige biegen auf dem Weg zwischen Alter Markt und Fischmarkt zu dem Platz um die romanische Kirche, die das Panorama der Kölner Altstadt mit ihrem mächtigen, von vier oktogonalen Seitentürmen flankierten Vierungsturm und dem Kleeblattchor seit dem Mittelalter prägt. Dabei ist das ein wunderbarer Ort, um dem Trubel am benachbarten Alten Markt zu entkommen. Der Platz nördlich des Langhauses der Basilika gehörte einst zum Benediktinerkloster. Sein Kreuzgang ist heute durch Steine kenntlich gemacht. Der Tierbrunnen in der Nord-Ost-Ecke erinnert an die Brunnenkapelle, in der sich die Mönche die Hände wuschen, bevor sie zu Tisch gingen. Auf dem Platz, um den bis zur Aufhebung des Klosters im Zuge der Säkularisation 1802 die Klostergebäude der Benediktinerabtei standen, wachsen heute Schatten spendende Bäume. Die Einfassungsmauern der Beete laden zum Pausieren ein. Die umstehenden modernen Gebäude sollen mit ihren Dachformen an die ehemaligen Altstadthäuser erinnern.

An der Südwestecke des Platzes schließt sich ein gepflasterter Hof vor dem Westportal der Basilika an. Neben Bäumen, Pergolen und Sitzgruppen gibt es noch etwas zu entdecken: Das Tünnes und Schäl-Denkmal, das an die legendären Figuren aus dem Hänneschen-Puppentheater erinnert. Der knollnasige, gutgläubige Tünnes scheint mit seinem Freund Schäl, einem listigen und berechnenden Lebemann mit Anzug und Hut, gerade ein „Verzällche" zu machen.

Nicht versäumen sollte man einen Besuch von Groß St. Martin. Die heutige Basilika wurde im 12. Jahrhundert erbaut und beeindruckt vor allem durch ihren lichten Innenraum und die Hängekuppel über der Vierung. Bemerkenswert sind die Ausgrabungen unter der Kirche sowie einige Ausstattungsstücke. Nach Zerstörungen im Zweiten Weltkrieg wurde die Kirche erst 1985 wieder eröffnet. Seit 2009 ist sie Klosterkirche der Monastischen Gemeinschaften von Jerusalem.

Groß St. Martin, 50667 Köln
ÖPNV: Stadtbahn 5, Haltestelle Rathaus

Balance finden am Kieselstrand

69 *Das Naturschutzgebiet in Worringen-Langel*

Rund 4 Kilometer nur Fluss, Kiesbuchten, Wiesen und Wäldchen. Keine Ausflugslokale oder sonstige Unterhaltungsmöglichkeiten. Das Naturschutzgebiet zwischen Worringen und Langel gehört zu den ruhigen grünen Orten im Kölner Norden. Hinter dem Rheindamm sind es nur noch 300 Meter, dann ist der Uferweg erreicht, von dem kleine Pfade hinunter in die Kiesbuchten führen. Es ist still hier, der weiße Sand erinnert an Strandtage und die zahlreichen Muscheln an das Sammeln in der Kindheit. Und dann gibt es Rheinkiesel. In allen Formen und Farben haben sie sich zu Kiesbänken angehäuft. Die Steine sind Zeugnisse der Erdgeschichte und haben eine lange Reise hinter sich. Vom Süden her transportierte der Rhein große Gesteinsbrocken, die sich auf ihrer Reise zur Nordsee im Laufe von Jahrmillionen zu kleinen Kieseln zerrieben. Neben diesen Kieseln sind mit Glück auch Halbedelsteine, versteinertes Holz oder Zähne und Knochen ausgestorbener Tierarten wie Wisente und Mammuts zu finden.

Die Buchten, die durch Dämme voneinander getrennt sind, laden zu beschaulichen und meditativen Stunden am großen Strom ein. Hier kann man im weichen Sand liegen, Kieseltürme stapeln oder einfach nur das Panorama und die Ruhe genießen. Rheinabwärts erkennt man im gegenüberliegenden Monheim einen Backsteinturm, der auch als Mäuseturm von Blee bezeichnet wird.

Nicht weniger erholsam ist ein Spaziergang auf dem schmalen Uferweg, der durch die Auenlandschaft im Naturschutzgebiet führt. Pappeln, Erlen, Weiden, Beerensträucher und bunte Wiesenblumen begleiten den Weg. Und auch in den kleinen Wäldchen und den dahinterliegenden Wiesen ist die Vielfalt der auentypischen Flora und Fauna zu entdecken. Kurz vor Worringen liegen kleine Gewässer wie an einer Kette aufgereiht. Hier hat ein Altarm des Rheins eine tiefe Rinne hinterlassen, in der sich kleine Stillgewässer, teilweise mit Schilf bewachsen, aneinanderreihen. An den ruhigen und geschützten Teichen kann man wunderschön sitzen und Schwäne, Enten oder die Kaulquappen im Frühjahr beobachten.

● ●

○ Naturschutzgebiet Worringen-Langel, Alte Römerstraße, 50769 Köln-Worringen
○ ÖPNV: Bus 120, 123, Haltestelle Worringen Alte Römerstraße; Bus 121, Haltestelle Langel Fähre

Fischadler auf Beutefang

 Entdeckungen im Naturschutzgebiet Hornpottweg

An der Grenze zu Leverkusen liegt im Dünnwalder Wald, Teil der Bergischen Heideterrasse, eines der wertvollsten Biotope der Stadt Köln. Eigentlich sollte die Grube am Hornpottweg nach ihrer Auskiesung mit Erdreich gefüllt werden, doch hatte sich die Vertiefung bald mit Wasser gefüllt. Zugleich entwickelte sich eine vielfältige Vegetation am Uferrand und Vögel nutzten das Gebiet als Rastplatz. So kam es, dass die Kiesgrube am Hornpottweg 1983 unter Naturschutz gestellt wurde.

An das Ufer gelangt man jedoch nicht, da der Zugang durch dichtes Gestrüpp, Sträucher und die steil abfallende Böschung nicht möglich ist. Das ist auch Absicht, denn in und um die offenen Wasserflächen mit Kiesbänken und Uferröhrichten leben zahlreiche schützenswerte Pflanzen und Tiere. Naturfreunde kommen hier voll auf ihre Kosten. Mit einem Fernglas ausgestattet, lassen sich viele der 200 Vogelarten entdecken, die bisher registriert wurden. Mehr als die Hälfte sind Gäste und Durchzügler, denn das Naturschutzgebiet liegt am Rhein und somit an einer der wichtigen Vogelzuglinien.

TIPP Den Dünnwald von Schlebusch bis Thielenbruch mit dem Rad erfahren und Natur erleben.

Der um die Grube herumführende Weg ist teilweise schmal und mit Wurzeln durchzogen. Nur wenige Bänke laden zur Rast ein. Mehrere Aussichtspunkte erlauben einen freien Blick auf die Wasserfläche und Ellbogenstützbretter erleichtern das Beobachten mit dem Fernglas. Einen Spielplatz oder andere Unterhaltung für den sonntäglichen Familienausflug findet man allerdings nicht und so herrscht in dem naturnahen Mischwald rund um das Gewässer die für die Natur notwendige Ruhe. Dieses Gebiet gehört vorrangig der Tierwelt und muss geschützt werden. Die Gewässer zeigen bereits Anzeichen von einem erhöhten Nährstoffgehalt, ein großer Röhrichtbestand ist schon verschwunden und eine der Wasserflächen ist seit Längerem trocken gefallen.

Wer dürstet und hungert, sollte einen Spaziergang nach Süden unternehmen. Nach etwa 1 Kilometer erreicht der Spaziergänger die Waldschenke in der Kunstfeldsiedlung.

▶ Naturschutzgebiet Hornpottweg, Am Hornpottweg, 51069 Köln
▶ ÖPNV: Stadtbahn 5, Haltestelle Leverkusen Schlebusch

Romantische Garten(t)räume

 71 *Ein Spaziergang im Friedenspark am Fort I*

Bei Boule-Spielern ist der Friedenspark sehr beliebt, denn die Wege im ehemaligen Staudengarten und der anschließende Platanenhain bieten einen idealen Ort und das passende französische Flair für das Frischluftkugelspiel. Die Parkanlage um das Fort I zieht aber ebenso Spaziergänger an, die auf verwinkelten Wegen durch Gartenräume auf unterschiedlichen Ebenen streifen und die Ruhe der verwunschenen Parkanlage genießen. Die Wiesen bieten sich für sportliche Aktivitäten, Festivals und zum Spielen an. Die Wallmauer lockt Kletterer mit verschiedenen Routen unterschiedlicher Schwierigkeitsgrade.

Der Friedenspark wurde 1914 auf dem Gelände des aufgelassenen preußischen Forts von Gartendirektor Fritz Encke als ein Park mit vielseitig nutzbaren Gartenräumen gestaltet. Er band die alten Festungsmauern und die Wallgräben in das Gartenkonzept ein und schuf eine außergewöhnliche Anlage mit Rosengarten, Pergola, Staudengarten, Wiesen und Schattengraben. Nachdem die Stadt die Pflege des Parks über viele Jahre vernachlässigte, wurde die Anlage ab 2015 saniert und dient seit 2017 den Besuchern wieder als Grünes Wohnzimmer, das zu jeder Jahreszeit einen Besuch wert ist. Die stille und märchenhafte Atmosphäre der Grünanlage wird durch überwucherte Wälle und Mauern bestimmt.

Von allen Seiten her sichtbar ist das 15 Meter hohe Denkmal mit dem Kriegsadler, das 1927 zu Ehren der gefallenen Soldaten im Ersten Weltkrieg auf dem Dach des Forts errichtet wurde. Das Kriegerehrenmal wurde unter der Schirmherrschaft des Reichspräsidenten Paul von Hindenburg eingeweiht, woher auch die ursprüngliche Namensgebung des Parks rührt. Erst 1985 wurde der Hindenburgpark in Friedenspark umbenannt. An den Frieden erinnert auch das John Lennon-Denkmal, ein Kreis aus Basaltsteinen, in den das Wort „Imagine" in Marmor geschrieben ist. Im Inneren des ehemaligen Verteidigungsbaus befindet sich heute das Jugendzentrum und im vorgelagerten einstigen Hof des Forts können sich Kinder auf einem ungewöhnlichen Bauspielplatz austoben.

● Friedenspark, Agrippinaufer, 50678 Köln
● ÖPNV: Stadtbahn 15, 16, Haltestelle Ubierring; Stadtbahn 16, 17, Haltestelle Schönhauser Straße; Bus 106, Haltestelle Koblenzer Straße, Köln Bayenthal

Nationales Naturerbe

72 *Wildnis erleben in der Wahner Heide*

Die 5000 Hektar umfassende Wahner Heide dehnt sich am Stadtrand von Köln nach Süden hin aus. Es ist eine von Menschenhand geschaffene Landschaft, deren Untergrund aus ehemaligen Sandbänken und eiszeitlichen Flugsanden besteht. Besondere Gestaltungskraft hatte die fast 200 Jahre beinahe durchgängige Nutzung des Gebietes als Truppenübungsplatz (weswegen man die Wege nicht verlassen darf). Schon 1817 führten die Preußen erste Schießübungen durch und noch heute wird die südliche Heide von Zeit zu Zeit von Panzern der Bundeswehr zu Übungszwecken befahren. Im Kölner Stadtgebiet ist man davor aber sicher. Auch der Bau des Flughafens in den 1950er-Jahren bedeutete einen großen Einschnitt in das seit 1931 bestehende Naturschutzgebiet.

Die Wahner Heide, die zu zwei Dritteln zum Nationalen Naturerbe Deutschlands gehört, weist neben den typischen Heideflächen auch große Waldgebiete auf. Wanderwege führen durch ausgeprägte Erlen- und Eschenwälder sowie Eichen- und Buchenbestände, die auf die Zeit hinweisen, als die Bauern ihr Vieh noch in den sogenannten Hudewäldern zur Mast trieben. Bäche, stille Gewässer und Moore sind ebenso Bestandteil der Landschaft. Hier finden 100 Brutvogelarten, mehr als 2500 Käferarten und 700 seltene und gefährdete Tier- und Pflanzenarten, von denen viele auf der Roten Liste der vom Aussterben bedrohten Arten stehen, Lebensraum und Nahrung. Auf der Suche nach der typischen Heidelandschaft, die im Spätsommer und Herbst mit dem Violett der Besenheide überzogen ist, kommen wir zur Stadtgrenze. Durch die sogenannte Maikammer führt ein 7 Kilometer langer Rundwanderweg, der mit einem Eichenblatt gekennzeichnet ist, durch lichte Wälder und über offene Flächen. Die sandigen Wege und die ätherischen Düfte der Bäume und Kräuter lassen einen Hauch von Süden spüren. Ziegenherden, Glanrinder und Esel sorgen mit ihrem Essverhalten dafür, dass die Landschaft offen bleibt.

TIPP *Im Heideportal im Gut Leidenhausen gibt es umfangreiche Informationen über das Naturschutzgebiet.*

🔵 **Wahner Heide, Alte Kölner Straße, 51147 Köln (erster Weg nach links in die Heide)**
🔵 **ÖPNV: Bus 161, Haltestelle Grengel Mauspfad (etwa 15 Minuten Fußweg)**

Mauenheimer Herrlichkeit

73 *Das Nippeser Tälchen beim Altenberger Hof*

Wer in Nippes ein grünes Plätzchen zur Entspannung sucht, der geht ins Nippeser Tälchen. Die kleine Parkanlage in einer Senke, die aus einem ehemaligen Rheinarm („niep") entstand, ist ein beliebter Treffpunkt für Familien, Grillfreunde und Erholungsuchende. Auf der Wiese liegen, ein Buch lesen, sich sonnen oder Würstchen braten, das ist alles möglich im grünen Herz von Nippes. Im Tälchen ist der Lärm der Stadt kaum mehr zu vernehmen und dies kommt in Köln selten vor.

In dem Nippeser Tälchen befand sich bis 1902 ein großer Weiher, auf dem sogar Kahn gefahren und geangelt werden konnte. Dann wurde die Senke durch Aufschüttungen gefüllt. Um die lang gezogene Mulde reihen sich heute der Altenberger Hof, ein ehemaliges Gehöft, eine Kleingartenanlage, ein Sportplatz und ein Wasserspielplatz.

Der Altenberger Hof, heute Kulturzentrum, Stadtteilbüro, Restaurant und Biergarten, gehörte zu den Mauenheimer Höfen, die Zentrum der Mauenheimer Herrlichkeit waren. Dieses Herrschaftsgebiet gehörte dem Stift St. Kunibert und umfasste im Mittelalter die Stadtteile Nippes, Mauenheim und Bilderstöckchen. Von den Höfen blieb nur der Altenberger Hof, der übrigens so heißt, weil er im Lauf seiner wechselvollen Geschichte auch einem Abt des Klosters Altenberg in Odenthal gehörte.

TIPP *Im Altenberger Hof gibt es Mitmachangebote sowie Shows, Konzerte und Kabaretts.*

Heute zieht die Vier-Seiten-Hofanlage viele Besucher an. Kulturveranstaltungen locken ebenso wie das Restaurant mit Biergarten und angrenzendem Spielplatz. Vom Biergarten bietet sich ein herrlicher Blick auf das Tälchen; er stellt eine gute Alternative zum Grillen auf den Wiesen unterhalb des Hofes dar. Der kleine Spielplatz nebenan ist aber nicht zu vergleichen mit dem Wasser- und Matschspielplatz, der sich östlich an das Tälchen anschließt. Die Erwachsenen finden dort Erholung und Unterhaltung auf den Bänken unter den Schatten spendenden Bäumen. Auch der Baumbestand am Rand der Wiesenflächen verspricht schattige Plätzchen. Und wer die Sonne liebt: Die gibt es bis abends am Hang des ehemaligen Gehöfts.

▶ Nippeser Tälchen, Niehler Kirchweg 32, 50733 Köln
▶ ÖPNV: Stadtbahn 12, 15, Haltestelle Florastraße; Bus 140, 147, Haltestelle Nordstraße

Exotische Erlebnisse

74 *Naturerlebnisse im Forstbotanischen Garten*

Das Paradies hat vier Tore und kann aus vier Himmelsrichtungen betreten werden. Kein Engel verwehrt den Eintritt, nur die abendlichen Schließzeiten vertreiben den Besucher aus dem zauberhaften Garten im Süden Kölns. Gewundene Wege führen kreuz und quer durch Wäldchen mit heimischen und fremdländischen Bäumen und Sträuchern, über blumenbekränzte Wege und Wiesen, zwischen blühenden Heideflächen, hin zum zentralen Brunnenplatz mit dem „Baum der Erkenntnis". Der Baum ist ein Unterstellpilz und die Erkenntnis erhält der Besucher aus der benachbarten Informationstafel. Warum man diesen Ort im Zentrum des Gartens auf jeden Fall ansteuern muss: wegen der sich nach Westen öffnenden Rhododendronschlucht. Diese Schlucht gibt es nicht zufällig, denn sie ist Teil des ehemals Äußeren Festungsrings und wurde bei der Anlage des Forstbotanischen Gartens im Jahr 1964 in die Gartenanlage integriert. Ihre Lage deckt sich mit der ehemaligen Kehlfront eines Infanteriestützpunktes aus dem frühen 20. Jahrhundert. Die Trümmer der gesprengten Anlagen wurden als Felsengarten in die Bepflanzung eingebaut. Wege führen um und durch die Schlucht und lassen uns in eine andere Welt eintauchen. Auf dem schattigen und stillen Weg in der Tiefe der Schlucht umfängt uns eine Vegetation aus Rhododendron, Kiefer, Ilex, Zypresse, Eibe, Skimmia und anderen Arten. Besonders schön ist ein Besuch im April und Mai, wenn der Rhododendron uns mit seiner verschwenderischen Blütenpracht verzaubert. Der Rhododendron, der in Asien in seiner größten Vielfalt vorkommt, und die umherstolzierenden Pfaue, die ursprünglich in Indien beheimatet sind, tragen wesentlich zum exotischen Flair dieses Gartenbereiches bei.

Eine Parkbank oberhalb der Schlucht, von Kiefern beschützt und von einer Stechpalme eingerahmt, zieht den Besucher magisch an. Vögel zwitschern und in der Tiefe glitzert das Wasser eines kleinen Baches. Wir scheinen uns in einem fremden Land zu befinden und unsere Gedanken gehen auf Reisen in ferne Welten. Es ist ein wahres Glück, hier zu sitzen und es fällt schwer, diesen reizenden Ort zu verlassen.

• •

⊙ Forstbotanischer Garten, Schillingsrotter Straße 100, 50996 Köln
⊙ ÖPNV: Stadtbahn 16, Haltestelle Rodenkirchen Bahnhof oder Siegstraße (800 Meter Fußweg);
Bus 131, Haltestelle Konrad-Adenauer-Straße; Bus 135, Haltestelle Schillingsrotter Straße

Sommerfrische im Wald

 75 *Das Freibad Dünnwald*

Einmalig schön und dazu idyllisch gelegen, bietet das Waldbad Dünnwald die ideale Sommerfrische an heißen Tagen. Die gepflegte Freibadanlage liegt mitten im Wald und hat jede Menge zu bieten. Alte, mächtige Laubbäume bilden einen großartigen Rahmen für mehrere Schwimmbecken, Wasserrutschen, Liegewiesen und einen Spielplatz. Die hellgrünen Grasflächen setzen sich malerisch vom Dunkelgrün der Fichten und vom Graugrün der Kiefern ab, die für ausreichende Schattenplätze auf der sonnigen Wiese sorgen. Ein weiterer Pluspunkt dieses Naturidylls ist die wohltuende Ruhe. Hier kann man abschalten, sich im Schatten entspannen oder von der Sonne bräunen lassen, Eis essen oder im Biergarten des angeschlossenen Restaurants lokale Köstlichkeiten genießen. Direkt neben der Gartenwirtschaft liegt ein schattiger Boule-Platz, wo man sich entspannt mit seinen Mitspielern messen oder eine ruhige Kugel schieben kann. Ein Minigolfplatz ergänzt die Freizeitanlage. Wer länger in diesem Paradies glücklich sein will, übernachtet auf dem anliegenden Campingplatz.

Die Freibadanlage im Stadtwald haben die Badelustigen und Erholungsuchenden dem Gewerkschafter und Sozialisten Peter Baum zu verdanken, der treibende Kraft bei der Gründung des Vereins Freies Ortskartell in den 1920er-Jahren war. Verschiedene Arbeitervereine taten sich zusammen, um das erste rechtsrheinische Freibad zu errichten. Sie fanden

TIPP Ein Wochenende am Waldbad campen und die umliegenden Naturschutzgebiete entdecken.

ein ideales Gelände am Mutzbach, einem Sumpf mit Erlenbestand. Der Bach wurde auf 20 x 10 Meter verbreitert, auf 1,20 Meter vertieft und das Becken mit Reisigbündeln ausgekleidet. 1923 fand die Eröffnung statt. Im Volk sprach man vom Schlammbad und schon nach dem ersten Herbst, der Schlamm, Sand und Holz in das Becken trieb, konnte das Bad nicht mehr benutzt werden. In der Folge entstanden unter gemeinsamen Anstrengungen die heutigen Schwimmbecken, Umkleidekabinen und Toilettenanlagen. 1928 wurde die Anlage der Bevölkerung zur Verfügung gestellt. Mit Eintrittsgeldern, Mitgliedsbeiträgen, Spenden und Musikveranstaltungen finanziert der Förderverein das Bad bis heute.

Freibad Dünnwald, Peter-Baum-Weg 22, 51069 Köln, Tel. (02 21) 6 00 15 88
www.waldbad-camping.de
ÖPNV: Bus 154, Haltestelle Dünnwald Waldbad

Heimweh nach Köln

 Auf dem Willi Ostermann Platz im Martinsviertel

Die Innenstadt Kölns ist zu allen Jahreszeiten ein Touristenmagnet. Wem der Trubel und die Menschenmengen zu viel werden, der findet inmitten der Altstadt ein verstecktes, idyllisches Plätzchen. Zwischen Lintgasse, Auf dem Rothenberg, Salzgasse und Unter Käster liegt von Häusern umgeben der Willi Ostermann Platz. Kleine Gässchen, die man kaum als solche erkennt, führen zu diesem grünen Winkel der Altstadt. Mittelpunkt der kleinen Oase ist ein Brunnen, der an den unvergessenen Kölner Texter, Komponisten und Sänger Willi Ostermann erinnert. Der Lieddichter, 1876 geboren und 1936 gestorben, verfasste mehr als 100 Volks- und Karnevalslieder, vorwiegend in Kölscher Mundart, mit denen er die Volksseele ganz treffend beschrieb und bewegte. Seine Lieder in hochdeutscher Sprache sind weit über alle Grenzen bekannt. Seine Schlager werden noch heute gerne auf den Ausflugsdampfern auf dem Rhein gespielt.

Der dreieckige Brunnen wurde aus einem 14 Kubikmeter großen Muschelkalkblock geschaffen. Ihn zieren 15 Figuren aus Ostermanns Liedern. Sie stellen die unvergesslichen Gestalten dar, die der Volkssänger in seinen Liedern besungen hat, wie z. B. „et Stina, dat 'ne Mann han muss" und „et Schmitzen Billa, dat in Poppelsdorf en Villa hät". An seine Lieder erinnern auch die Textzeilen, die in den Steinblock gemeißelt sind: „Kölsche Mädcher künne bütze", „Wenn in Colonia der Karneval beginnt" und „Och, wat wor dat fröher schön doch in Colonia". 1997 wurde der Brunnen neu aufgebaut und sieht nun mit der erhöhten Figurengruppe und dem runden Brunnenbecken wie früher aus. Der Künstler selbst ist als Bronzerelief an einem kleineren Brunnen auf dem Platz anwesend.

Viele Jahre wurde auf dem Platz am Elften im Elften der Karneval eröffnet und erst, als die Zahl der Jecken zu groß wurde, verlegte man die Veranstaltung.

Über den Brunnen hat ein alter Tulpenbaum malerisch seine Zweige gestreckt. In ihrem Schatten lässt sich auf dem Brunnenrand ein Weilchen ausruhen. Zu einem kühlen Glas Kölsch oder einer kleinen Stärkung laden die Lokale am Platz ein.

● Willi Ostermann Platz, 50667 Köln
● ÖPNV: Stadtbahn 1, 7, 9, Haltestelle Heumarkt; Stadtbahn 5, Haltestelle Rathaus

Rheinische Landschaftsbilder

 77 *Im Klettenbergpark*

Ein Park zum Abtauchen. Klein, aber fein zeigt sich der nur 7 Hektar große Klettenbergpark. Er ist das Erstlingswerk von Gartendirektor Fritz Encke und wurde 1905 im Bereich einer ehemaligen, bis zu 10 Meter tiefen Kiesgrube realisiert.

Der Klettenbergpark besitzt eine echte Wohlfühlatmosphäre und ist eine Oase für Ruhesuchende, Naturfreunde und Kinder. Durch seine tiefe Lage ist der Lärm der nahen Straße kaum zu hören. Der Park ist sehr vielfältig gestaltet, denn Encke wollte auf diesem Gelände verschiedene rheinische Landschaftsbilder malen. Auf dem Grund der Grube liegt ein geschwungener Teich, der von Wiesen und Schilf umgeben ist. Eine Trauerweide breitet ihre goldgrünen Zweige über dem Wasser aus. Ein kleiner Wasserfall stürzt sich über Felsbrocken hinunter in ein Auffangbecken und fließt unter einer Brücke hindurch zum Wasser. Um das mit Wiesen gesäumte Ufer führt ein Spazierweg mit Ruhebänken unter Schatten spendenden Bäumen.

Weitere Wege ziehen sich durch waldartiges Gelände hinauf zum Rosengarten und zu den Spielplätzen. Es gibt sogar einen Hohlweg, dessen Flanken mit Schiefer und Basalt befestigt sind. Das Rheinische Schiefergebirge und die Eifel sind somit stellvertretend präsent.

TIPP Ein Besuch ist am schönsten im Frühsommer, wenn die Rosen ihren betörenden Duft verströmen.

Der Rosengarten, von Laubengängen und Hecken umgeben, stellt den formalen Teil des Parks dar. Die rechteckigen Blumenbeete sind symmetrisch an der Hauptachse ausgerichtet, die als breite Promenade zur Aussichtsplattform mit einem Springbrunnen hinführt.

Die Vielfalt und die unterschiedlichen Räume machen den Park besonders liebenswert und laden zu Entdeckungen ein. Die Wiesen am Teichufer und die zahlreichen Bänke laden zum Erholen, Lesen oder Sonnen ein. Ein besonderer Ort ist der Wurzelstock eines alten Baumes am oberen Ende des Wasserfalls. Zwischen den starken Wurzeln sitzend, an den mächtigen Stamm angelehnt, entfaltet sich die Kraft der Natur und lässt Geist und Seele zur Ruhe kommen.

⊙ Klettenbergpark, Luxemburger Straße 349, 50939 Köln
⊙ ÖPNV: Stadtbahn 18, Haltestelle Klettenbergpark

Mit allen Sinnen spüren

78 *Natur erleben in Finkens Garten*

Nur eine Gartenpforte und ein paar Schritte trennen die Stadt von dem kleinen Naturparadies, das täglich Kinder wie auch Erwachsene zum Entdecken und Erleben einlädt. Das Areal, auf dem die Familie Finken ab 1904 fast 80 Jahre lang eine Baumschule betrieb, wurde in den letzten Jahrzehnten in einen Naturerlebnisgarten verwandelt. Scheinbar wild mutet das 5 Hektar große Gelände an und doch ist es wohl strukturiert. In unterschiedlichen Biotop-Typen dürfen sich Pflanzen und Tiere entfalten, ohne dass der Mensch sie nachteilig stört. In dem abwechslungsreich gestalteten Garten werden die Besucher für die Schönheit und Einzigartigkeit der Natur sensibilisiert. Durch Beobachten, Riechen, Fühlen, Schmecken und Tasten können sie die Wunder der Tier- und Pflanzenwelt begreifen. Vorbei an der Streuobstwiese, die mit alten Obstsorten und ihrer Blumenvielfalt Lebensraum für zahlreiche Insekten und Vögel ist, kommt der Besucher zu den Wohngebäuden und der Gärtnerei. Wie es früher üblich war, schließt sich dem Haus ein Bauerngärtchen an. Eine Bank lädt zum Verweilen in diesem Idyll ein. Es gibt vieles im Garten zu entdecken: Der Nasengarten, wo Puddingblume und Ziegenbockpflanze unsere Riechorgane herausfordern, ein Insektenhotel und Bienenstöcke, ein Barfußpfad und ein Klang- und Handtastgarten sowie Teiche und begrünte Schutzhütten und Ruhebänke.

Etwas versteckt und über einen kleinen Waldpfad zu erreichen, liegt die Vogelbeobachtungshütte. Wenn man die Tür hinter sich geschlossen hat, auf einem der Baumstümpfe Platz genommen und die Beobachtungsklappe geöffnet hat, sieht man einen kleinen Ausschnitt der Natur: Eine Waldwiese, an deren Ende ein Baumriese mit „fuchtelnden Armen" steht und auf der sich die Gräser wiegen und Schmetterlinge tanzen. Direkt vor dem Fenster hängen Futterstellen in den Bäumen, die zu allen Jahreszeiten von Vögeln aufgesucht werden. Viele verschiedene Arten von Singvögeln sitzen in den Futterhäuschen, picken die Samen und Körner von der Erde, kühlen sich im Wasserbecken und putzen ihr Gefieder. Und wie beglückend ist erst ihr Gezwitscher!

· ·

○ Finkens Garten, Friedrich-Ebert-Straße 49, 50996 Köln
www.finkensgarten.org
○ ÖPNV: Stadtbahn 16, 17, Haltestelle Rodenkirchen; Bus 131, Haltestelle Römerstraße/
Konrad-Adenauer-Straße

Perspektivwechsel

 79 *Eine Panoramafahrt auf dem Rhein*

Köln und der Rhein sind ohne einander nicht zu denken. Aus der römischen Colonia am Grenzfluss zwischen dem römischen Reich und Germanien wurde die bedeutende Handelsstadt im Mittelalter. Über den Rhein kamen Waren, Wissen und, nicht zu vergessen, die Heiligen Drei Könige, die den Ruhm des „heiligen Kölns" weiter mehrten.

Die Bedeutung des Flusses für die Stadt Köln spiegelt sich noch heute in den Häfen in Niehl, Mülheim, Deutz und Godorf wider, die Köln zum zweitgrößten Binnenhafen Deutschlands machen. Hinzu kommen die Hotel- und Fahrgastschiffe an den Schiffsanlegern im Stadtzentrum. Durchschnittlich 400 Schiffe passieren zudem die Stadt. Schließlich ist der Rhein eine der meistbefahrenen Binnenwasserstraßen weltweit.

Schon Mitte des 19. Jahrhunderts entwickelt sich die Rheinschifffahrt zu einem Saisonbetrieb für Ausflugsfahrten. Bis heute ist die Attraktivität eines Ausflugs auf dem Rhein ungebrochen.

Bei der Panoramafahrt vom Stadtzentrum zum südlich gelegenen Stadtteil Rodenkirchen gleitet das Schiff an den Sehenswürdigkeiten der Stadt

TIPP *Die Fahrt in Rodenkirchen unterbrechen für einen Bummel entlang der Rodenkirchener Riviera.*

vorbei und das Panorama lässt sich aus einer ganz neuen Perspektive genießen. Die gotischen Türme der Kathedrale schauen hinter den Bäumen am Ufer hervor, bevor das Schiff die Hohenzollernbrücke als erste von fünf Brücken passiert. Nun verzaubern Bilderbuchansichten die Fahrgäste: Zwischen den Platanen im Rheingarten lehnen sich die Giebel der bunten Altstadthäuser aneinander, darüber wacht trutzig der von vier Seitentürmen flankierte Vierungsturm von Groß St. Martin. Gegenüber zeigt das rechtsrheinische Deutz mit dem KölnTriangle und dem Rheinboulevard sein modernes Gesicht. Bald werden das Schokoladenmuseum, der Malakoffturm und das Sport- und Olympiamuseum sichtbar. Entlang des Rheinauhafens mit den Kranhäusern und den Poller Wiesen geht es weiter bis Rodenkirchen, wo ein Aufenthalt mit Besuch der Grünanlagen und Strände sowie eine Einkehr in einem der Traditionslokale den Tag perfekt macht.

◉ Rheinschifffahrt, Konrad-Adenauer-Ufer, 50668 Köln
◉ ÖPNV: Stadtbahn 5, 16, 18, Haltestelle Dom/Hauptbahnhof

Idyll zwischen Mauern

 80 *Verschnaufpause im Kalker Stadtgarten*

Manchmal liegt das Glück nur einen Schritt entfernt. Von der lebhaften Hauptstraße in eine Oase der Ruhe. Durch eines der beiden Tore an der Kalker Hauptstraße betritt man den idyllischen, nur 6000 Quadratmeter großen Kalker Stadtgarten. Von der Straße ist der von Fritz Encke im Jahr 1912 im Jugendstil gestaltete Garten kaum auszumachen. Zwei Pavillons mit zeltförmigen Dächern markieren den Haupteingang. Ein hoher, schmiedeeiserner Zaun und das Eingangstor zwischen zwei steinernen Torpfeilern trennen die grüne Oase von dem Treiben an der verkehrsreichen Straße. Nach wenigen Metern auf dem breiten Kiesweg verebbt der Lärm der Stadt; er wird von den umliegenden Gebäuden und Mauern verschluckt. Diese Einfriedung sorgt zudem dafür, dass der Grünanlage etwas von einem Privatgarten innewohnt. Vorbei an der sich dem Park öffnenden Terrasse eines Cafés gelangt der Besucher zu einer Weggabelung und einer Wiesenfläche, die mit Baumgruppen durchsetzt ist. Von hier ist fast die gesamte Grünanlage zu überschauen. Das Flair des frühen 20. Jahrhunderts ist bei genauem Hinschauen noch zu erkennen.

TIPP *Im Traditionscafé Schlechtrimen werden Croissants nach französischer Rezeptur angeboten, ein Genuss!*

Typisch sind die von geschwungenen Mauern eingefassten und gepflasterten Einbuchtungen, wo Bänke zum Verweilen einladen. Auch der muschelförmige Schmuckbrunnen an der Rückwand des Cafés und die Bronzeskulptur eines Knaben mit Schildkröten zeugen vom ästhetischen Verständnis der damaligen Gartenkunst, die Natur und Kultur miteinander verbinden wollte. Ein Mammutbaum bietet neben mächtigen Kastanien und anderen alten Laubbäumen im Sommer Schatten für all die Menschen, die auf den Wiesen ihre Decken ausbreiten und Entspannung und Geselligkeit in der intimen Atmosphäre des Gartens suchen. Für die Kinder ist der großzügige Spielplatz im hinteren Bereich des Gartens ein wahrer Ort des Vergnügens. Der Stadtgarten ist für Flaneure und Ruhesuchende als grüne Oase im dicht besiedelten Stadtteil ein kleines Paradies. Zudem ist die Anlage stets gepflegt und sauber, was wohl dem Umstand zu verdanken ist, dass der Park in der Nacht geschlossen wird.

○ Kalker Stadtgarten, Kalker Hauptstraße, 51103 Köln
○ ÖPNV: Stadtbahn 1, 9, Haltestelle Kalk Post

Bibliografische Informationen der Deutschen Nationalbibliothek
Die Deutsche Nationalbibliothek verzeichnet diese Publikation in der Deutschen Nationalbibliografie;
detaillierte bibliografische Daten sind im Internet über http://dnb.d-nb.de abrufbar.

© 2020 Droste Verlag GmbH, Düsseldorf
2. Auflage 2021
Konzeption/Satz: Droste Verlag, Düsseldorf
Einbandgestaltung und Illustrationen: Britta Rungwerth, Düsseldorf unter Verwendung von Bildern von
© Fotolia.com: jd – photodesign.de; © iStock: Plociennik Robert
Fotos: Dorothee Bastian, außer:
S. 89: © Gut Leidenhausen; S. 151: © Martin - stock.adobe.com

Druck und Bindung: LUC GmbH, Greven
ISBN 978-3-7700-2139-0

www.droste-verlag.de